AF232980

LA
CITÉ DE L'ÉGALITÉ

Vous avez, sans doute, entendu parler de la métempsycose, et je suis sûr d'avance que vous n'en croyez pas un mot.

Aussi, dois-je vous déclarer, dès le début, que je ne veux pas faire appel à votre foi, mais à votre raison.

Inutile donc de chercher à vous expliquer, par une doctrine absurde, comment je pus renaître dans la cité parisienne, un demi-siècle après ma disparition.

Au surplus, je ne m'y retrouvai pas dans la peau d'un autre animal.

Tel je m'étais connu dans les dernières années de mon existence, tel je reparus à la lumière; et ce prodige s'accomplit un soir que, songeant à tant de révolutions avortées, je m'étais assoupi sur les hauteurs d'un sixième.

C'est donc aux illusions du sommeil qu'il faudra attribuer ma mort, à la date de l'élection de Grévy, puis ma résurrection environ cinquante ans plus tard.

Ce qui est certain, c'est qu'en l'an de grâce 1930, je crus revenir, par une matinée splendide de printemps, dans la grande ville que j'avais aimée; et je remarquai, du premier coup d'œil, qu'il s'y passait quelque chose d'extraordinaire.

En effet, on y faisait partout, avec le plus grand entrain, les préparatifs d'une fête et les rues étaient pleines d'une foule joyeuse, qui riait et causait bruyamment.

C'était bien la même langue que j'entendais encore, mais ce n'était déjà plus le même peuple qui la parlait.

J'avais beau regarder autour de moi, mes regards ne rencontraient nulle part ces haillons sordides, ces faces hâves et terreuses, qui tranchaient si tristement sur le faux brillant de notre civilisation.

Comme je me demandais la cause de cette transformation sociale, j'aperçus sur un mur une grande affiche blanche, et, m'en étant approché, j'y lus:

COMMUNE DE PARIS

FÊTE ANNIVERSAIRE DE L'AFFRANCHISSEMENT
DU PROLÉTARIAT FRANÇAIS

Plus bas, s'étalait tout au long le programme de cette fête de la délivrance.

— Eh quoi! me dis-je, cette ancienne proscrite des classes dirigeantes, cette grande victime d'une haine implacable, elle est donc aussi ressuscitée?...

Et, suivant la foule, perdu dans mes réflexions, je descendis vers l'Hôtel de Ville.

Là m'attendait une autre surprise.

Un monument en bronze, d'un aspect grandiose, s'élevait au milieu de la place, et sur le socle de ce monument, chargé de couronnes d'immortelles et paré de drapeaux rouges, on avait gravé en lettres d'or:

AUX FUSILLÉS DE MAI 1871

PARIS, LIBRE ET RECONNAISSANT

— Allons! me dis-je alors, voilà maintenant ces bandits qui, d'après « les honnêtes gens », n'avaient même pas figures d'hommes, et qui furent traqués, en conséquence, comme des bêtes féroces, les voilà passés héros et martyrs dans une sorte d'apothéose!

Ah ça! il n'y a donc plus d'honnêtes gens dans la société actuelle, puisque c'est la canaille de mon temps qu'on glorifie aujourd'hui?...

Je brûlais de savoir par quel phénomène psychologique avait pu se produire dans les esprits un tel revirement d'opinion, et, me sentant étouffer au foyer de cette agglomération humaine, j'allai sur les quais éventer ma tête et me remettre un peu du désordre de mes pensées.

Là, j'avisai, au bout de quelque temps, un citoyen au front chauve et à la barbe grise, qui, assis sur un banc, gardait obstinément dans son journal un nez orné d'une superbe paire de lunettes.

— Voici, pensai-je, un vieux politicien qui a vécu tout le temps que j'ai dormi, et il doit être parfaitement au courant de ce que j'ignore.

Et, tout en faisant cette réflexion, je me dirigeai vers son banc, pour m'y asseoir à côté de lui.

— Citoyen, hasardai-je, au moment qu'il tirait de sa poche une pipe coiffée du bonnet phrygien, voulez-vous me permettre de vous demander si vous habitez Paris depuis longtemps?

Il braqua sur moi ses lunettes, qui m'envoyèrent des rayons dans les yeux.

— J'habite Paris, me répondit-il, depuis que je suis né, et il y aura bientôt soixante ans de cela. Mais pourquoi cette question, s'il vous plait?

— Parce que je présumais que vous aviez dû voir de près les événements qui me sont restés inconnus.

A ces mots, il désarma son nez formidable comme pour me montrer sa figure à la fois narquoise et empreinte de bonhomie; puis, levant sur moi son regard fin et pénétrant:

— Comment ! s'écria-t-il, ces événements qui ont retenti dans le monde entier, vous n'en avez pas connaissance?... D'où venez-vous donc parmi nous ?

— Supposez, repartis-je en souriant, que j'avais disparu de cette planète vers l'époque où vous y êtes venu; car je vous affirme que mes souvenirs les plus récents remontent à l'élection de Grévy pour la troisième présidence de la République de 71.

Cette fois, il tira de sa pipe une grosse bouffée de tabac et me lança, à travers le nuage, un coup d'œil oblique, se demandant s'il devait éclater de rire ou me considérer comme un fou.

Après ce rapide examen, il prit bravement le premier parti.

— Ha! ha! ha! vous êtes... vraiment... un... original.

— Je vous l'accorde volontiers et vous sais gré de ne pas me qualifier plus sévèrement.

— Eh bien! mon ami, que voulez-vous, en définitive?

— Vous prier tout simplement de répondre aux questions que je désire vous faire au sujet de ces événements dont vous avez été témoin.

— Allons! vous plaisantez, sans doute, mais vous m'avez mis de belle humeur, et je veux bien, pour vous être agréable, prendre mon rôle au sérieux.

Alors, commença entre nous le curieux dialogue qui suit:

Moi. — Apprenez-moi d'abord d'où est née la Commune libératrice dont vous célébrez l'anniversaire.

Lui. — Elle est née de la misère du peuple et de l'expérience du passé.

— Développez, s'il vous plaît, votre pensée.

— C'est bien simple. La République autoritaire s'étant obstinée à refuser aux travailleurs non-seulement la moindre réforme qui pût leur profiter, mais encore tout moyen de se défendre contre l'exploitation capitaliste, les travailleurs ont fini par comprendre :

1° Qu'ils n'avaient absolument rien à attendre d'une République ne différant de l'Empire que par le nom ;

2° Qu'ils ne pouvaient y être représentés par des bourgeois dont la position sociale était en plein antagonisme avec la leur.

De là, deux conclusions logiques:

La première, que, pour devenir libre, il fallait briser l'Etat comme gouvernement central ;

La seconde, que le plus sûr moyen d'être représenté, c'était de se représenter soi-même, pour les plus importantes questions d'intérêt public, et de se faire représenter, pour les questions secondaires, par des élus qu'on aurait *sous la main*, toujours responsables et révocables, à volonté. Or, comme on ne peut réaliser ce programme que sur le coin de terre où l'on vit, nous avons suivi l'exemple de nos pères de 71 et, plus heureux qu'eux, fondé l'autonomie complète ou l'indépendance réciproque de toutes les communes françaises.

— L'autonomie des communes françaises? Mais on m'avait

toujours dit que ce serait le désordre universel, la guerre civile en permanence et tout le tremblement.

— Oui, oui, c'était l'éternelle objection de vos républicains autoritaires, l'effroi de vos gouvernants et le préjugé de la routine ou de la canaillerie.

— On me criait en gesticulant : « Malheureux ! voulez-vous donc détruire cette belle unité française, l'œuvre pénible de tant de siècles ? » Puis, en me reportant à plus de deux mille ans en arrière, on ajoutait avec des airs de triomphe : « Voyez ce qu'a produit l'autonomie des cités sous ce beau ciel hellénique où la civilisation alluma son premier flambeau. » Voyez Athènes abattue par Sparte, et Sparte par Thèbes, et Thèbes par la monarchie macédonienne, pour devenir l'une après l'autre la proie facile de la louve romaine... » et l'on déclamait ! on déclamait !

— Et que répondiez-vous ?

— Je répondais que les cités de l'ancienne Grèce dûrent précisément à leur autonomie l'honneur d'allumer ce premier flambeau de la civilisation, et je citais, pour conclure, des villes bien plus considérables par leur étendue ou leur population, comme la Thèbes égyptienne, Babylone, Ninive, Palmyre et d'autres, effacées de la terre, sans y laisser aucune trace à la reconnaissance des hommes, parce qu'elles étaient vassales de quelque despote.

— Moi j'aurais encore objecté aux rhéteurs de votre époque que l'autonomie des fameuses cités qui se sont perdues par leurs luttes fratricides n'excluait pas l'esclavage, et que l'écrasante unité créée par Bonaparte pour les besoins de son ambition criminelle peut être avantageusement remplacée par le pacte fédéral unissant entre elles, pour la sauvegarde du territoire, toutes les communes de France, à l'exemple des cantons suisses et des États-Unis d'Amérique.

— Ah ! pardon. Je ne pouvais pas leur *servir* ces arguments, attendu qu'ils n'existaient pas encore. Mais qu'entendez-vous aujourd'hui par une division communale ?

— J'entends, dans les campagnes de la province, une division de territoire plus large, pouvant produire, autant que possible, ce qui est nécessaire au travail et à la consommation de ses habitants. Chacune de ces divisions nomme, à l'élection, un conseil communal, pour la gestion des services publics de la commune ; chaque région, un conseil régional, pour la gestion des services régionaux et les renseignements de statistique à fournir aux travailleurs ; enfin, toute la nation, le conseil national, pour la haute direction et l'administration des services d'intérêt général comme chemins de fer, postes, télégraphes, etc. Mais il a aussi pour mandat de garder inviolable le pacte fédéral et de faire appel à la solidarité de tous en cas de catastrophes ou de calamités publiques.

— Ce que je vois de plus clair en tout cela, c'est que le suffrage universel existe toujours dans votre société.

— Toujours, en effet, mais mieux appliqué que sous l'Empire et votre République.

— Les gouvernants de cette République, qui n'était pas la mienne, avaient la haine de tous les républicains qu'ils savaient être sincères, mais celui qu'ils haïssaient entre tous, c'était l'intransigeant Rochefort, qu'ils n'avaient pas encore réussi à tuer, de mon temps.

— Eh bien! je puis vous apprendre que pendant que vous dormiez, il en a tué les plus répugnants, avec la fine pointe de sa plume. Mais je reviens au suffrage universel que nous avons étendu à la femme, après l'avoir débarrassé de la question religieuse et politique.

— Tous les socialistes que j'ai connus en auraient fait autant, dans les mêmes conditions; car la femme est aussi intéressée que l'homme à la question sociale. Mais comment lui accorder le droit de vote quand les neuf dixièmes des hommes en usaient encore si mal? Aussi, las d'être bernés, beaucoup ne votaient déjà plus et quelques-uns même prêchaient l'abstention.

— L'abstention ne pouvait jamais produire qu'un résultat négatif, et si tous les socialistes s'étaient abstenus, ils n'auraient pas eu à la Chambre, avant la fin du siècle, tout un groupe qui a forcé radicaux, opportunistes et cléricaux à jeter ouvertement le masque en s'alliant pour les combattre; en sorte que les plus aveugles des travailleurs ont pu reconnaître de quel côté se trouvaient leurs défenseurs véritables.

— Ah! vous m'apprenez encore là quelque chose de nouveau; car à la date lointaine où s'arrêtent mes souvenirs, il n'y avait pas encore, je crois, un seul vrai socialiste à la Chambre.

— Il est vrai qu'on n'y voyait pas encore Clovis Hugues, poète improvisateur, aux envolées lyriques, qui eut, le premier, l'honneur de représenter le prolétariat au nom de Marseille; mais vers la fin du siècle dernier, vous dis-je, les socialistes y étaient une cinquantaine dont la conduite contrastait singulièrement avec celle des autres députés. Ainsi, par exemple, l'activité infatigable et la science de Vaillant; l'éloquence de Jaurès, Millerand, Viviani, Ernest Roche; la logique implacable de Guesde et la fidélité de tous à la cause populaire, en donnant à la propagande un retentissement immense dans le pays, le préparait à l'avènement du nouvel ordre social.

— A ce compte, il est certain que le gouvernement eût préféré les voir hors du Palais-Bourbon que dedans.

— Ce qui le prouve bien, c'est qu'il en avait exclu un jeune représentant dont la figure, sans doute, ne lui revenait pas, pour lui créer une situation si drôlatique. qu'elle en est restée légendaire.

— Heureusement nous voilà délivrés de ce régime honteux. Et dans cette nouvelle société, votre conseil national n'a plus aucun pouvoir politique?

— Aucun, comme on l'entendait à l'époque, c'est-à-dire dans le sens de l'arbitraire, puisque les groupes corporatifs et autres peuvent se réunir où et quand il leur plaît, pour discuter librement tout ce qui les intéresse.

— Autrefois, ils ne pouvaient se réunir sans autorisation et par conséquent, sans mettre dans leurs affaires le nez de la police.

— Ce nez, nous l'avons supprimé avec la police, en rasant du sol parisien le palais dont elle avait fait sa caverne infâme.

— Et à la suite de tous ces changements, il n'y a pas eu le moindre cataclysme?

— Il n'y a eu de perdu que l'avenir des hommes d'Etat.

— Eh bien! je m'en rappelle un, entre autres, qui n'a pas dû être content. C'était un orateur cyclopéen, que j'avais laissé, suivant l'expression de son Emile (de Girardin), « dans un poste d'expectative ».

— Ah! oui, ce pontife de l'*opportunisme* qui avait si bien retourné son programme de Belleville.

— Précisément. Mais le beau résultat que vous avez obtenu, vous le devez à une révolution victorieuse?

— Eh! sans doute, mon ami. Les assemblées politiques ne résignent pas leur mandat comme un garçon de café jette son tablier.

— Oh! dites-moi donc ce que sont devenues, sous le coup de cette tourmente, « les grandes colonnes » de l'*ordre moral*.

— L'ordre moral?... Que signifie ce galimatias?

— Excusez-moi... Encore une réminiscence du passé... C'était la plus belle création du génie du duc de Broglie.

— Ah! le duc de Broglie?... On le cite encore quelquefois comme un tout petit homme, tout gonflé, comme un crapaud, de venin... et de vanités ridicules.

— Je voulais demander ce que sont devenus l'armée permanente, le clergé salarié de tous les cultes, la magistrature assise et debout.

— Ces grandes colonnes de l'Etat sont tombées, disparues, ensevelies pour toujours sous les ruines de l'édifice qu'elles supportaient.

Je relevai la tête et, remarquant au-dessus de la Cité la noire silhouette de la vieille cathédrale :

— Pourtant, répliquai-je, voilà bien les deux tours de Notre-Dame toujours debout devant moi.

— C'est vrai. Nous avons épargné Notre-Dame, et voici à quel propos : les ouvriers démolisseurs, ayant grimpé sur les tours, commençaient à se mettre à l'œuvre, quand, tout à coup, l'œil flamboyant d'éclairs, et sa blanche crinière hérissée, surgit devant eux, sur la pointe de la flèche centrale, l'ombre de Victor Hugo, ouvrant la bouche pour mâcher des foudres. Terrifiés de cette apparition inattendue, ils descendirent précipitamment et refusèrent de remonter. Alors, pour apaiser le fantôme tonitruant évadé de ses ténèbres, le comité révolutionnaire, né de l'insurrection, résolut de faire de la vieille cathédrale un musée d'antiquités religieuses, afin d'inspirer à la jeunesse la « sainte horreur » de tous les fétiches.

— C'était encore une bonne idée. Et une révolution si radicale a pu réussir?

— Elle a réussi, parce qu'elle était dans la situation économique et politique, c'est-à-dire fatale, inévitable.

— Je ne vous comprends pas bien...

— Vous allez me comprendre. Supposez une société composée, dans la proportion de quatre-vingt-dix-neuf sur cent, de prolétaires n'ayant d'autre ressource que le travail, et de capitalistes possédant la matière première du travail, avec l'outillage nécessaire à sa transformation. Vous aurez, dans une société semblable, le travail, c'est-à-dire l'existence même du prolétariat, à la merci du capital, c'est-à-dire du maître du travail.

— C'est évident.

— Supposez maintenant que pour accroître ses bénéfices, un capitaliste achète une machine qui fasse, à son unique profit, le travail de vingt ouvriers, et voilà vingt ouvriers battant le pavé, s'ils ne trouvent un autre capitaliste pour louer leurs bras. Mais, par les progrès incessants de la science, multipliez à volonté les machines pour en étendre l'emploi aux différentes branches de l'industrie, et voilà, sur une immense échelle, le travail mécanique remplaçant la main-d'œuvre ou, du moins, la réduisant au rôle subalterne d'aide-machine. Alors, ce ne sont plus ni vingt, ni cent, mais vingt mille, cent mille qui chôment ou qui se rendent à discrétion pour une bouchée de pain. Ajoutez-y, d'un autre côté, la concurrence effrénée des exploiteurs entre eux, et vous arrivez à une anomalie monstrueuse dont aucune civilisation antérieure n'a offert d'exemple : la plus grande somme de production enfantant la plus grande somme de misère !

— J'ai assisté aux tristes débuts de cette époque meurtrière, j'ai vu la marée montante des grèves battre à sa base la vieille société et entendu les cris de détresse qui sortaient jusque des entrailles de la terre. Mais, faute d'entente et des fonds nécessaires pour soutenir cette lutte inégale, presque toujours les grévistes étaient vaincus par la faim, quand ils n'étaient pas refoulés dans leur enfer, à coup de crosses de fusils. Il ressortait cependant de leurs défaites successives un enseignement précieux : celui de les initier aux causes de leur condition misérable, et de les amener ainsi au socialisme révolutionnaire.

— Eh bien! c'est là précisément ce qui établit entre eux, dans tout le monde civilisé, la solidarité internationale qui devait être leur salut. La foule des meurt-de-faim expropriés de leurs moyens d'existence grossissant toujours, des millions de voix, toujours plus menaçantes, s'élevaient de tous les points de l'horizon, pour troubler la sieste des repus. Comment se débarrasser des importuns qui criaient famine à la porte de la salle du festin, et qui avaient l'audace de s'attaquer ouvertement, comme à la source de tous leurs maux, au dogme sacro-saint de la propriété individuelle? Le fol empereur d'Allemagne, avide de gloire militaire, et la bourgeoisie apeurée de France, voulant se retremper dans un bain de sang, conçurent alors, sous prétexte de se disputer l'Alsace-Lorraine, l'infernal projet d'étouffer sous des monceaux de cadavres les revendications populaires, par un grand massacre international, afin de pouvoir garder encore, celui-là sa couronne chancelante, et celle-ci ses privilèges menacés. Seulement, au moment de la déclaration de guerre imminente, il se produisit ici une chose qu'on n'avait pas prévue : les deux tiers des Parisiens appelés sous les armes refusèrent de répondre à cet appel avant d'avoir nettoyé la capitale d'un gouvernement qu'ils savaient traître à la cause des travailleurs et, par conséquent, à la nation. Les divers groupes socialistes, si divisés jusque là sur des questions de personnes plutôt que d'idées, s'empressèrent de s'unir devant l'ennemi commun, aux insoumis de la loi militaire ; et, afin que personne ne pût se méprendre sur le but qu'ils poursuivaient, ils inscrivirent sur leurs drapeaux:

L'ÉGALITÉ SOCIALE OU LA MORT!

— Et que fit, en présence de ce mouvement insurrectionnel, la République des vampires ?

— Elle s'apprêtait à l'étouffer dans son berceau lorsqu'il gagna toutes nos grandes villes avec la rapidité d'une trainée de poudre. Dans l'espace d'une nuit, Paris, sillonné de tranchées et couvert de barricades, en vue de retarder les mouvements stratégiques, avait repris sa physionomie des grands jours. D'autre part, des manifestes répandus à profusion dans les casernes expliquaient aux soldats qu'il fallait, à tout prix, prévenir le retour des désastres de 70, pendant qu'il en était encore temps. Ai-je besoin d'ajouter que, sur ces entrefaites, dans certains quartiers, plus d'un incendie, allumé on ne sait comment, jetait le trouble dans tous les esprits?... Déjà, les opportunistes au pouvoir, ne se fiant plus aux jeunes troupes, travaillées par la propagande socialiste, avaient considérablement augmenté la garde dite républicaine et la police, dont le dévoùment leur était acquis, parce qu'il était chèrement acheté. Ce fut cette armée *à tout faire* qu'ils chargèrent de « rétablir l'ordre ». Mais ils avaient encore compté sans les redoutables engins que les découvertes de la science mettaient, pour la première fois, entre les mains de l'insurrection, et les plus braves défenseurs de « l'ordre capitaliste » durent battre en retraite devant la danse terrifiante des explosifs lancés par les fenêtres.

— Et que devinrent alors ces fameux hommes d'Etat qui, de mon temps, se vantaient de « faire marcher la France » ?

— Il y eut parmi eux un *sauve qui peut* qui ne s'arrêta pas à Versailles ; car, de même qu'on disait autrefois: « Plus d'argent, plus de Suisses », on put dire dès ce moment: « Plus de baïonnettes, plus de classes dirigeantes ».

— Heureux changement! Mais je serais bien aise de savoir ce qui se passa après la déroute gouvernementale?

— Eh bien ! la Révolution victorieuse, sans s'arrêter au jeu fatal des élections, ayant conduit à l'Hôtel-de-Ville les plus vaillants et les plus éclairés des combattants, leur enjoignit d'opérer la concentration des forces populaires, nécessaire, en ce moment, pour commencer immédiatement « la liquidation sociale ».

— Je vous félicite d'avoir accompli les grandes choses que ma génération avait à peine entrevues.

— Bon! bon! vous y revenez... Mais on croirait, à vous entendre, que vous avez eu, comme le chef du spiritisme, une autre existence.

— N'y faites aucune attention... Je vous remercie de tous les renseignements que vous m'avez donnés; et, avant d'en finir, si vous voulez me permettre de vous offrir, chez « le mastroquet du coin », la vieille chopine du « père Duchesne »...

— Volontiers. Vous jugerez ainsi si le vin de l'égalité vaut le petit bleu du père Duchesne...

— De mon temps, l'octroi ne distinguait pas entre le bon et le mauvais, mais les dirigeants en faisaient bien la différence à leur profit (1).

— Et nous aussi, qui sommes enfin nos propres dirigeants. Suivez-moi dans cette maison, et vous me direz si j'ai mauvais goût.

Nous nous levâmes ensemble de notre banc, moi, enchanté de tout ce qu'il m'avait appris, et lui, tout à fait rassuré sur le caractère inoffensif de ma folie rétrospective.

— Ah çà! lui dis-je alors, quand nous nous fûmes installés à notre aise, racontez-moi donc comment vos propriétaires accueillirent cette fameuse liquidation sociale, qui réduisait leurs rentes à zéro.

— Oh! de bien des façons différentes, suivant les tempéraments. On ne reverra jamais pareilles scènes. Les plus affolés, ramassant à la hâte les valeurs qui leur tombaient sous la main, couraient éperdus aux gares des chemins de fer, et prenaient les trains d'assaut...

— Et vous les laissiez partir de la sorte?

— Que voulez-vous?... D'abord, nous étions désarmés par le rire, puis, ces nouveaux francs-fileurs n'emportaient pas, en se sauvant, leurs maisons sur le dos.

— C'eût été bien encombrant.

— Beaucoup d'autres, plus avisés, prenaient le temps de faire leurs malles et d'atteler leurs voitures, mais, dès qu'ils avaient gagné la rue, leur fuite n'était pas moins rapide. Les plus compromis s'évadaient déguisés en maçons, comme votre affreux Badinguet, ou bien, implorant la pitié de quelques femmes perdues, leur achetaient un asile au poids de l'or. Les désespérés se répandaient en lamentations sur l'ingratitude des hommes. Les furieux s'arrachaient les cheveux et se martelaient le crâne avec mille imprécations. Les plus intrépides, tantôt se barricadaient chez eux, armés jusqu'aux dents, et tantôt, au contraire, ouvrant portes et fenêtres, en prenant des poses à la Mirabeau, hurlaient

(1) C'est la critique de cette iniquité flagrante : les vins de première qualité ne payent pas plus de droits d'entrée que ceux qui servent à l'alimentation publique— et l'on sait ce qu'ils valent...

ces paroles fameuses : « Nous ne sortirons d'ici que par la force des baïonnettes ! » Enfin, sous le coup de la première émotion, quelques-uns tombèrent foudroyés. Mais ces diverses scènes se terminèrent par une manifestation générale qui eut lieu place du Châtelet, où, amenés à pleines charrettes pour être jetés au brasier d'un immense autodafé allumé pour la circonstance, tous les livres de la Dette publique furent brûlés publiquement, au bruit des chants et des danses ; et les treize cents millions de rentes que le prolétariat français servait annuellement à ses exploiteurs de tout ordre, s'envolèrent en fumée, dans l'explosion d'une joie inexprimable, qui consacrait définitivement, pour la première fois, depuis l'origine des sociétés, la délivrance des travailleurs.

— Ainsi, de tant de propriétaires parisiens, plus ou moins bien rentés, aucun n'accepta, comme le fit l'ancienne noblesse, la nuit du 4 août, une situation que vous m'avez dépeinte fatale, inévitable, sous peine de mort sociale ?

— La nuit du 4 août fut la conséquence forcée de la journée du 14 juillet. Cependant l'ancienne noblesse tenait encore de son éducation un reste de chevalerie. La haute bourgeoisie, au contraire, entretenue de l'exploitation et prostituée de l'agiotage, n'avait plus que la religion des écus. C'est ce qui explique, au point de vue moral, le rapide évanouissement de sa puissance. Les plus sages se résignèrent tout au plus. Mais, pour un mécontent, il y avait ici quatre-ving-dix-neuf contents, et, dans ces conditions, il ne valait pas la peine de se fâcher.

— Par quelles mesures fut-il procédé aux réformes les plus urgentes ?

— Le Comité révolutionnaire, ayant déclaré, au nom du peuple parisien, que tout Paris était la propriété exclusive de la Ville, fit occuper par les compagnies de volontaires, à mesure qu'elles se formaient, tous les sièges administratifs des services publics, leur enjoignant d'arrêter sur l'heure ceux qui voudraient s'opposer à cette prise de possession, et défendant aux employés de quitter leurs postes avant la réorganisation nouvelle, sous peine d'être traités comme des traîtres.

— Vous n'y alliez pas de main morte.

— Pensez donc que l'interruption du service des chemins de fer, en ce moment, c'était l'affamement de Paris en quelques jours, et, par suite, l'avortement de la révolution émancipatrice. Il fallait, en conséquence, agir avec vigueur et promptitude.

— Vous êtes-vous bornés à prendre possession des immeubles et des services publics ?

— Nous n'aurions pas alors accompli tout notre devoir ; car cette foule innombrable, expropriée par le machinisme du travail de ses bras, il fallait aussi la nourrir et la vêtir. Nous nous sommes donc emparés des établissements de crédit, des grands magasins d'habillement, des grandes fabriques et de tout ce qui constituait, en un mot, la concentration capitaliste.

— Quoi ! vous auriez osé lever une main profane sur l'arche sacro-sainte de mon temps : la Banque de France ?

— Eh! sans doute. Sachant que l'argent était le « nerf de la guerre », nous ne nous sommes pas laissé arrêter par des scrupules voisins de la sottise.

— Enfin, je vous avoue humblement que les « bandits » de mon époque ont été des naïfs... Et qu'avez-vous fait de tout cet or?

— Ce que nous en avons fait?... Je vous ai déjà dit que, se voyant débordé par le flot toujours montant du socialisme, notre gouvernement de traîtres s'était entendu avec le despote allemand, aussi menacé que lui du même danger, pour lancer les deux peuples l'un contre l'autre, sous prétexte de se disputer l'Alsace-Lorraine.

— Je m'en souviens, en effet, et vous m'avez dit également que le soulèvement du peuple parisien avait eu lieu devant l'imminence de cette guerre d'extermination.

— Eh bien! vous devez comprendre que le triomphe inattendu de la « Sociale » à Paris n'était pas de nature à désarmer l'empereur teuton, devenu, de ce fait, le bras et l'âme du monde des exploiteurs.

— Je sais au moins que le vieux Guillaume ne fut pas désarmé par la Révolution anodine du 4 Septembre.

— Vous, en 1870, vous avez vu Jules Favre pleurer aux pieds du vainqueur inflexible. Nous avons vu, nous autres, un spectacle bien plus étonnant: la réconciliation immédiate, pour nous combattre, des bourgeoisies allemande et française, puis, comme une procession lugubre, l'émigration des chapeaux noirs, dix fois plus nombreuse que celle des chapeaux à plumes, à l'époque de la première Révolution, allant se mettre à l'abri, derrière les casques prussiens.

— Et dans quel but cette conversion subite des ennemis déclarés de la veille en alliés du lendemain?

— Oh! dans le but évident de reprendre ce qu'ils appelaient « leurs biens » et que nous estimions les nôtres.

— Mais se donner à l'empereur d'Allemagne?...

— Ils se seraient bien donnés à l'empereur de Chine!

— Et vous vous êtes servis de tout cet or que vous leur aviez pris?...

— Pour leur envoyer du plomb, avec les fusils des prolétaires français et même étrangers. Nous avons jeté les millions par-dessus les Alpes et les Pyrénées, afin de soulever contre leurs souverains, décidés à marcher aussi contre nous, l'Italie et l'Espagne. Et les fils de ces deux nations sœurs de la nôtre, animés de la grande âme de Garibaldi, franchissant les monts par milliers, sont accourus à notre appel. Nous avons dit à l'ilote de nos champs, qui semait et ne moissonnait pas pour lui : « Cette terre que tu as imprégnée d'une part de ton être, en la fécondant de tes sueurs, elle t'appartiendra désormais pour toujours, si tu sais la défendre! » Nous avons dit aux damnés de la mine, à la chiourme de l'usine et de l'atelier, à toute la caste des parias: « Voici l'heure de conquérir enfin la liberté ou de mourir glorieusement à l'exemple de Spartacus (1). Choisissez entre la dignité de

(1) Le sublime esclave révolté qui mit l'ancienne Rome à deux doigts de sa perte l'an 71 avant notre ère.

l'homme libre et l'abjection de la brute ! » Et du sol embrasé de la vieille Gaule ont jailli, comme d'un cratère en éruption, des nuées d'intrépides volontaires.

— Et vous aviez certes d'habiles généraux ?

— Je crois qu'ils étaient pour le moins aussi habiles que les vôtres en 70.

— Ah! ce n'était pas difficile... J'en ai connu un qui ne savait pas distinguer la Marne de la Seine. En revanche, il était patriote, patriote à tout casser, sauf sa précieuse figure... En sorte qu'après la retraite de Champigny sur Saint-Maur, un loustic des compagnies de marche, arrivant sur les lieux, put lui décocher cette flèche :

Sait-on pourquoi Ducros, ce héros d'épopée,
Battu, se porte encor si bien en ce moment :
C'est que l'ordre a besoin de cette grrrande épée,
C'est qu'il a mieux gardé sa peau que son serment.

— Si ce fameux Trompe-la-Mort, dans une proclamation retentissante, a annoncé *urbi et orbi*, qu'au moment d'accomplir le sacrifice de Décius, il s'était résigné à vivre pour surveiller le Paris révolutionnaire, nos autres chefs militaires ne le portaient pas non plus dans leurs cœurs, et la plupart d'entre eux suivirent l'exemple du gouvernement ou donnèrent forcément leur démission.

— Quel dommage que les empanachés de l'Empire n'aient pas songé à nous rendre le même service! Ils nous eussent évité des désastres sans précédents dans l'histoire, avec la corvée humiliante de suer les milliards de la rançon.

— Nos volontaires aussi n'avaient plus à craindre d'être livrés par quelque Bazaine, ou bêtement exposés en rase campagne devant les nouveaux engins de destruction, aux massacres en masse des batailles rangées.

— Ah ! çà, mais par quels moyens comptiez-vous donc venir à bout de la plus formidable des invasions?

— Par une tactique nouvelle, moins meurtrière pour nous et plus démoralisante pour les envahisseurs.

— Je ne comprends pas bien ce que vous voulez dire.

— Je vais vous le faire comprendre. Après la disparition des officiers supérieurs, dont quelques-uns avaient même tenté d'entraîner leurs troupes contre « la lie de la populace », comme ils nous appelaient, la plupart des soldats, ne comprenant rien à ces événements et croyant tout perdu d'avance, abandonnèrent leurs postes à la frontière, pour rentrer dans leurs foyers. Mais les plus dévoués d'entre eux ne suivirent pas ce triste exemple et, se voyant dans l'impossibilité d'opposer une barrière au torrent germanique, eurent l'idée de s'organiser en corps francs, sous la direction de camarades nommés par eux, ou de quelques officiers patriotes, qui avaient oublié leurs intérêts de classe pour la défense du pays, et voici de quelle façon ils se partagèrent, comme ils disaient, l'*ouvrage :* les uns prirent à tâche de couper derrière l'ennemi ses communications; d'autres se chargèrent de faire le désert sur son passage, en poussant devant eux, vers l'ouest et le midi, la population des campagnes avec ses troupeaux. Des milliers d'autres, enfin, s'engagèrent à lui souhaiter la bienvenue, munis, pour ce premier essai, du fusil Giffard, cette arme par excellence du franc-tireur (1).

Cependant l'empereur d'Allemagne, ayant occupé quelques forts hors d'état de se défendre, s'empressait d'envahir la France par les frontières de l'Alsace-Lorraine et de la Belgique, avant que la Révolution sociale eût eu le temps de réunir ses forces. De son côté, le comité insurrectionnel chargé, comme je l'avais déjà dit, de la direction de cette guerre, déployait, à cet effet, une activité dévorante. Non content d'envoyer sans cesse, au-devant de son terrible ennemi, de nouvelles compagnies volantes, il faisait construire, sur les confins de l'Ile de France, pour barrer la route de Paris, un immense camp retranché, où plusieurs corps d'armée s'organisaient rapidement dans l'attente du César germain, auquel ils voulaient faire une réception digne de lui. Mais, tout en exaltant le courage des volontaires qui couraient au feu pour la conquête définitive de l'égalité sociale, il leur recommandait tout particulièrement de se montrer toujours humains envers les blessés, et de diriger tous les prisonniers sur la capitale. La situation des envahisseurs devenait de jour en jour plus critique, à mesure que s'épaississait autour d'eux la nuée de tirailleurs qui les harcelaient sans relâche. Que faire contre des bandes presque toujours invisibles, promptes dans l'attaque, insaisissables dans la fuite, et partout renaissantes ? Ajoutez-y les coups de main audacieux exécutés de nuit sur les campements, et parfois, sur les terrains accidentés, les combats en plein jour qui arrêtaient, des heures entières, les têtes de colonnes, en leur infligeant des pertes considérables. Mais ce qui démoralisait surtout jusqu'aux plus intrépides, c'était de voir s'affaisser tout à coup, à côté d'eux, dans leur marche, un camarade frappé d'une balle silencieuse, venue ils ne savaient d'où. Néanmoins, en dépit de ces obstacles, l'insensé qui avait pris au sérieux son rôle de sauveur en chef les poussait toujours en avant, impatient d'atteindre le camp français, pour y consacrer son règne par un large baptême de sang ; car aux yeux de ces êtres qualifiés de monstres « dans l'ordre moral » par le conventionnel Grégoire, un souverain qui n'a pas à son actif quelque grand massacre ne compte pour rien, et celui-là est glorieux entre tous qui a tué le plus d'hommes.

Telle n'était pas la pensée du Comité révolutionnaire ; et considérant que le sang qui allait couler à flots était, de part et d'autre, le sang précieux des travailleurs, il lui vint, à l'approche de l'ennemi, une idée ingénieuse. C'était de faire bien connaître aux armées allemandes les véritables sentiments du peuple français, obligé, à regret, de les combattre avec la dernière énergie. Or, à cet effet, il n'y avait qu'un seul moyen pratique : celui de

____

(1) On sait que le fusil Giffard ne fait pas de bruit et peut tirer à la file une longue série de coups.

leur renvoyer, au moment le plus favorable, les prisonniers que les compagnies franches, conformément aux ordres reçus, avaient dirigés sur Paris, dès le commencement des hostilités.

Parmi ces prisonniers de guerre, laissés libres ici sur parole, se trouvait un grand nombre de socialistes, qui s'étaient rendus volontairement, pour échapper à la nécessité de servir la contre-révolution. Les gallophobes eux-mêmes avaient senti se fondre leur haine de race, au contact d'une population qui leur témoignait toute sa sympathie. Ils étaient donc bien préparés pour la mission que le Comité révolutionnaire projetait de leur confier, mais dont il voulait garder le secret jusqu'à la dernière heure.

Aussi furent-ils bien surpris quand, à la veille de l'action générale qui allait s'engager autour de notre camp hérissé de canons, ils se virent embarqués dans les trains, pour être conduits aux avant-postes français, et qu'on leur dit alors : « Maintenant, vous êtes libres de rejoindre vos camarades, pour les aider à nous combattre, si vous le préférez, ou pour les engager, au contraire, à fraterniser avec nous. S'ils veulent prendre ce dernier parti, cette guerre implacable sera terminée demain, à l'honneur des deux peuples. Un grand feu d'artifice, tiré cette nuit, entre les deux camps, leur donnera le signal de répondre à notre invitation, et leur indiquera, en même temps, le lieu du rendez-vous. Notre conduite à votre égard leur est d'avance une garantie certaine de notre bonne foi. Allez, amis, et portez aux vôtres, le plus adroitement possible, la bonne nouvelle. »

— Tout cela est vraiment extraordinaire, et j'ai bien hâte de savoir comment les socialistes allemands réussirent à s'acquitter de leur tâche.

— Eh bien! grâce à leur uniforme et à la langue qu'ils parlaient, ils purent franchir les postes avancés de leurs compatriotes et pénétrer ensuite dans leurs lignes. L'empereur ne tarda pas, tout naturellement, à être informé de ce fait, qui lui parut singulier, et se fit amener, à son quartier général, quelques-unes de ces nouvelles recrues.

« A quoi puis-je attribuer votre présence ici, en pareille circonstance? » leur demanda-t-il. Le plus hardi et le plus malin du groupe lui répondit sans hésitation :

« Sire, permettez-moi de vous dire, en toute franchise, que les Français, se voyant enfin acculés à la nécessité de vous livrer bataille, nous ont renvoyés sans condition, par *pure bravade.*

« Ah! par pure bravade? » répéta-t-il furieux en les congédiant d'un geste. Et il eut un accès de rage qu'il se promit de bien faire payer cher aux « Français. » Pourtant, calmé par un bon dîner et tout-à-fait rassuré par le rapport de son état-major, il se coucha à son heure habituelle, puis s'endormit confiant dans sa fortune, comme Alexandre, à la veille d'Arbelles (1).

Pendant ce temps-là, le secret de la mission des prisonniers

---

(1) La bataille d'Arbelles mit fin à l'empire des Perses, l'an 331 avant notre ère.

libérés, soufflé discrètement dans l'oreille des camarades, courait de tous côtés; et, s'il rencontrait beaucoup d'incrédules, il n'est pas moins vrai que la plupart de ces soldats, exténués de fatigues et de privations, auraient bien voulu y croire. La libération si inattendue des anciens compagnons d'armes rentrés dans leurs rangs au moment même que Bismarck qualifiait autrefois de « psychologique », était au moins de nature à faire réfléchir les plus intelligents. Tel se trouvait l'état des esprits dans l'armée allemande quand tout à coup les gerbes multicolores du feu d'artifice illuminèrent la nuit, comme pour les inviter à la fête de la paix. Alors, malgré une discipline proverbiale, il se produisit parmi eux une agitation extrême, et la première ligne s'insurgeant contre les officiers et désarmant les sentinelles d'avant-garde, courut au lieu du rendez-vous. Là, plusieurs de nos bataillons étaient rangés dans la plaine, leurs fusils posés à terre. Dès qu'ils virent arriver leurs ennemis de la veille, ils poussèrent, en agitant leurs képis, un grand cri : « Vive l'Allemagne! » Les Allemands leur répondirent par un cri non moins sympathique : « Vive la France! » puis s'avançant les uns vers les autres, ils échangèrent des poignées de mains et des accolades.

— C'était moins bête que d'échanger des coups de fusil à propos des bottes impériales.

— Inutile d'ajouter que les deux camps furent bientôt vides; et il n'y eut rien de cassé cette nuit, si ce n'est quelques têtes d'officiers prussiens. Quand le jour parut, le soleil éclaira, pour la première fois, ce beau spectacle : deux armées, confondues dans la même joie, s'embrassant sur les lieux-mêmes où elles devaient s'entre-détruire. Ainsi, mon ami, se termina cette guerre franco-allemande, qui sera la dernière du monde civilisé.

— Je suis émerveillé d'un dénouement si heureux et si imprévu. L'exploitation de l'homme par l'homme a eu son origine dans le prétendu droit de conquête, et le prolétariat de mon temps, ce faux affranchi de 89, bien qu'appelé à élire les nouveaux maîtres qui s'étaient substitués à la race conquérante, n'en subissait pas moins, sous les formes hypocrites de la légalité, la dure condition des vaincus. Mais veuillez m'apprendre ce qui se passa le jour à jamais mémorable où les deux armées en présence fraternisèrent au lieu de se battre.

— Ce jour-là, sur le théâtre même de cet événement unique dans l'histoire, la république sociale allemande fut proclamée par les fils de l'Allemagne, au milieu d'une explosion de joie; et, si le canon tonna dans les deux camps, ce ne fut que pour annoncer au monde cette grande nouvelle. Enfin, le soir, pour couronner la fête, un immense banquet scella l'alliance des deux nations, puis leurs armées se séparèrent, l'une pour regagner librement son pays d'outre-Rhin, et l'autre, pour rentrer, en chantant, dans ses foyers. Voilà, je pense, tout ce qui peut vous intéresser sur cette journée célèbre.

— Pardon, citoyen. Vous oubliez dans son lit le pauvre sire

atteint de la folie militaire et que vous avez envoyé se coucher,
« confiant dans sa fortune, comme Alexandre à la veille d'Arbelles. »

— Excusez-moi de cet oubli. Son réveil ne fut pas, en effet,
aussi agréable qu'il l'avait espéré; car arraché brusquement au
sommeil par les cris de surprise que provoqua autour de lui
l'éclatante illumination du feu d'artifice, et bientôt témoin de la
débandade de ses troupes, courant vers ce signal maudit, il dut
songer à son salut, loin de songer à la victoire. Aussi, montant
rapidement à cheval, il partit au galop, au milieu de son état-
major, renforcé d'une foule d'autres officiers.

— Quoi! parti au galop, laissant sans plus de façon aux mains
de ses soldats la couronne impériale?

— Dans son malheur, il lui restait, au moins, la consolation
de se voir une escorte plus nombreuse que n'en eut jamais souverain en fuite. Quant à sa couronne, ses soldats nous l'ont
donnée pour la joindre à celle du triste sire de Sedan, et maintenant les deux font la paire.

— Mais cette fuite à travers les corps francs qui s'étaient at-
tachés, le long de la route, aux flancs de son armée, ne lui était
pas encore facile, ce me semble.

— Il advint que ces corps francs, campés sur les collines en-
vironnantes, en attendant le moment de se jeter sur les derrières
de l'ennemi, tandis que notre armée régulière le combattrait de
front, furent frappés du même phénomène que lui; et dès qu'ils
en connurent, par leurs tirailleurs de nuit, la véritable significa-
tion, témoins du mouvement extraordinaire qui s'opérait, ils se
précipitèrent des hauteurs qu'ils occupaient au rendez-vous
indiqué par le signal lumineux : en sorte que le jeune Guillaume
fut sauvé, de ce côté, par ce qui l'avait perdu de l'autre.

— C'est fâcheux qu'il ait pu échapper de la sorte; mais lais-
sons-le courir où le cœur lui en dit, puisqu'il a encore la chance
d'emporter sa peau indemne, et revenons à Paris. Que fit, en y
rentrant, le comité révolutionnaire qui avait si habilement dirigé
et terminé cette dernière guerre franco-allemande?

— Il fonda, avec les énormes capitaux dont la Révolution
l'avait rendu dépositaire, la **Banque nationale de crédit au
travail**, afin d'avancer, *sans intérêts*, aux associations proléta-
riennes des villes et des champs, les fonds dont elles auraient besoin, à leurs débuts ; puis il donna simplement sa démission,
laissant aux chambres syndicales des ouvriers ou aux ouvriers
eux-mêmes le soin d'organiser le travail.

— C'est encore plus beau que la conduite de Cincinnatus retournant à sa charrue, après avoir triomphé des ennemis de
Rome.

— Comment voulez-vous qu'ils eussent maintenu leur dicta-
ture, lors même qu'ils l'eussent voulu?

— La popularité acquise par l'éclat du succès leur donnait un
dangereux prestige... J'ai souvent entendu dire et j'ai vu dans
l'histoire que presque toujours les dictateurs se sont faits tyrans.

— Cela peut se comprendre dans le passé, aux époques d'ignorance et de servitude, mais n'est plus possible aujourd'hui que nous sommes tous armés et conscients de nos droits.

— Je vous crois volontiers. L'essentiel est que vous ayez su vous sauver vous-mêmes, car le peuple a si souvent été perdu par ses prétendus sauveurs... Vous sachant donc débarrassés de la vermine opportuniste et libres de tout souci du côté des frontières, je voudrais savoir comment les travailleurs, se trouvant les maîtres incontestés de la situation, commencèrent ici cette fameuse organisation sociale dont on parlait déjà beaucoup de mon temps.

— Ils se groupèrent d'abord, le plus commodément possible, par corps de métiers, puis, les associations libres qui remplacèrent les exploitations patronales élurent, pour les achats de matières premières, la conduite des travaux et la comptabilité, les citoyens qu'ils jugèrent y être les plus aptes.

— Les élus dont on reconnait ainsi le mérite ont-ils une part plus grande dans les bénéfices?

— Non, évidemment. Nous n'avons pas aboli les anciens privilèges pour en établir de nouveaux. Les citoyens dignes du choix de leurs camarades en trouvent la récompense dans l'honneur qui leur est fait. A nos yeux, l'habile ouvrier qui construit le télescope est nécessaire au sublime astronome qui cherche, dans les abîmes de l'espace, un monde encore inconnu.

— J'ai connu, sur notre planète, un romancier célèbre, ami de la bonne chère et qui préférait à la découverte de l'un de ces mondes la découverte d'un plat nouveau. J'approuve donc le sentiment qui vous a inspiré. Mais existe-t-il entre vos corporations ou vos associations ouvrières quelque lien de solidarité?

— Oui, sans doute. Autrement, la Révolution sociale eût eu aussi ses déshérités.

— Par quelles mesures avez-vous donc réussi à supprimer la concurrence, cette meule écrasante, qui faisait à elle seule plus de victimes que tous les fléaux réunis?

— A cet effet, toutes les chambres syndicales ont envoyé à l'Hôtel-de-Ville, non plus pour former une Commune dans le genre de celle de 71, mais pour former l'administration centrale de la communauté, des délégués ayant pour mandat de répartir également, sur tous les membres de la grande famille ouvrière, d'après la comptabilité de chaque association, les bénéfices du travail collectif.

— Cela me démontre clairement que la solidarité est la base même de votre organisation.

— C'est aussi l'application logique du principe de l'équivalence des services rendus à la communauté par chacun de ses membres, selon ses moyens.

— Autrefois, j'ai souvent rencontré des travailleurs qui, se trouvant supérieurs ou du moins s'estimant l'être, à la plupart de leurs camarades, auraient crié bien haut contre une telle égalité.

— Sous le régime patronal, cette prétention des plus actifs ou des plus habiles était justifiée, en quelque sorte, par les nécessités terribles de « la lutte pour la vie ». Mais depuis que tout le monde est assuré du bien-être, et que personne n'a plus le souci du lendemain, elle n'a plus sa raison d'être. En effet, quand on est déjà arrivé par le travail à une plus grande somme de bonheur qu'on n'aurait jamais osé en espérer du salariat, ne serait-ce pas insensé de vouloir être plus heureux que tout le monde?... Nous allons plus loin dans cette voie, et je vous affirme qu'à nos yeux un idiot, du moment qu'il existe, a le même droit à l'existence que celui qu'on appelle un homme de génie.

— Diable! Vous avez des conceptions larges!

— Elles sont simplement justes, au point de vue humain.

— Et ces malheureux propriétaires, que vous avez impitoyablement dépouillés, d'après le même principe, qu'en avez-vous fait, je vous le demande?

— Tous les biens des nouveaux-francs fileurs qui avaient quitté Paris au début de l'insurrection populaire furent purement et simplement confisqués. Quant aux propriétaires demeurés ici et qui avaient atteint la cinquantaine, tout ce qu'on put faire de mieux en leur faveur, ce fut de leur offrir, dans nos établissements hospitaliers, une retraite confortable, pour y réfléchir à leur aise sur les vicissitudes de la fortune.

— Je dois reconnaître que vous avez été plus généreux pour eux qu'ils ne l'étaient autrefois pour les malheureux locataires qu'ils jetaient, à chaque terme, dans la rue. Mais quelle a été votre conduite envers les jeunes ou les valides?

— Ceux-là, nous les avons mis en demeure d'entrer dans nos rangs au même titre que les compagnons, ou d'aller au plus tôt se promener ailleurs.

— Cependant, la plupart de ces anciens vautours devaient avoir des écus en réserve, dans quelque cachette?

— Leurs écus nous importaient peu. Notre but, à nous, est d'abréger la tâche indispensable pour la vie matérielle, afin d'avoir aussi à dépenser la plus grande somme de liberté possible; et le moyen d'arriver à ce résultat ne consiste pas évidemment à nourrir des milliers de parasites, parce qu'ils ont de l'argent, sans avoir jamais eu la peine de le gagner.

— Je comprends fort bien la raison pour laquelle vous avez tenu à vous débarrasser de ces parasites, en les expulsant de la cité. Ne pouviez-vous pas atteindre le même but en remplaçant, par exemple, le numéraire par une autre valeur de convention?

— Cette innovation, nous y avons d'abord pensé, mais il a été reconnu, après un examen sérieux, qu'elle offrait bien plus d'inconvénients que d'avantages. En effet, du moment que l'or et l'argent ne rapportent pas d'intérêts et qu'ils ne peuvent plus servir à l'appropriation individuelle des instruments de travail, ils se dissipent rapidement et cessent de devenir dangereux pour l'indépendance des travailleurs. A quoi bon, dès lors, substituer à la monnaie courante, universellement en usage depuis des siècles, une monnaie ou une valeur nouvelle, qui était de nature à discréditer la Révolution sociale, au début de ses réformes? Si la première République eut recours aux assignats, c'est parce que son trésor était vide, et c'eût été folie de notre part de recourir à un expédient semblable, quand la *Banque Nationale de crédit au travail* pouvait suffire à faire *gratuitement* des avances de fonds aux corporations ou groupes corporatifs syndiqués.

— D'après ces explications, je conviens que vous avez sagement agi, en repoussant une innovation non justifiée par le manque du numéraire. Mais, en dehors des anciens propriétaires et des exploiteurs de toute catégorie, il existait tout un monde improductif, uniquement au service de ce qu'on appelait « l'ordre bourgeois ». Qu'est devenue cette foule de petites gens qui vivaient aux crochets du gouvernement et sur le dos du public : employés d'octroi et de douane, gendarmes à tous poils, militaires à tous crins, congréganistes de toutes couleurs, carmes chaussés, déchaussés, ignorantins et autres, sans compter les avocats sans causes?

— On a offert à beaucoup d'entre eux des terres dans les colonies; et ils ont trouvé, pour les y suivre, autant de compagnes qui ne demandaient pas mieux : religieuses et mondaines, nonnes ennuyées de l'amour divin et filles lasses des amours humaines. C'est grâce à cette invasion d'un nouveau genre, à ces hymens de hasard, que l'Algérie est véritablement devenue « une seconde France. »

— Oh! cette seconde France, on en parlait bien dans le temps. Mais la position de ses rares colons était à peu près intenable entre les Arabes, d'un côté, et les bureaux militaires, non moins arabes, de l'autre. Aussi, en dehors de l'armée et des fonctionnaires non révoqués, il n'y restait presque personne.

— C'était tout naturel. Ce n'est pas avec le sabre qu'on laboure, ni avec la graine d'épinards qu'on ensemence les sillons. Après la disparition de ce système inepte de colonisation, les musulmans, traités fraternellement, ont oublié, avec un passé douloureux, leur haine de religion, et la fusion des races commence à s'opérer. D'autre part, la mer intérieure désignée sous le nom de mer Roudaire...

— La mer Roudaire?.. Elle n'a jamais figuré sur mon atlas.

— C'est tout simple, puisqu'elle n'existait pas encore... Mais le capitaine Roudaire était bien votre contemporain.

— Ah! je me rappelle, en effet, que cet officier avait démontré, par de longs et savants travaux, la possibilité d'inonder le vaste bassin sablonneux et marécageux de cette partie de l'Afrique. Il se proposait d'en extirper ainsi les fièvres paludéennes, de protéger la colonie et d'appeler, sur un sol brûlé par le soleil, de fécondes rosées. Par malheur, les ministres boursicotiers de cette époque se souciaient fort peu d'une entreprise utile.

— Eh bien! nous avons exécuté le projet Roudaire, en créant la mer intérieure dont je vous parlais, et sur cette terre algérienne, d'une fertilité prodigieuse, les moissons d'épis font naître les moissons d'hommes.

— **Laissons-y** donc *fusionner* les races et croître ces moissons vivantes, qui sont la gloire de l'humanité. Ici, la Ville s'étant fait reconnaître pour l'unique propriétaire des immeubles parisiens, vous êtes tous ses locataires, si je vous ai bien compris?

— C'est cela même. La Ville y a trouvé une compensation plus que suffisante aux impôts odieux qui pesaient sur la consommation, et nous y avons gagné, nous, d'être parfaitement logés, tout en payant moins cher. La démocratie s'épanouit aujourd'hui dans tous ces beaux quartiers, qui n'avaient pas été bâtis à son intention.

— De mon temps, chassée du centre par la cherté toujours croissante des loyers, elle était obligée de se réfugier dans les habitations insalubres des quartiers excentriques.

— Ces quartiers sont aujourd'hui démolis ou abandonnés.

— Pourquoi donc?

— Parce que la chute de l'ancien régime a fatalement entraîné la dispersion de cette énorme agglomération humaine, qui en était le produit monstrueux.

— Il est vrai que la suppression des emplois inutiles et l'alimentation de tout un monde vivant de métiers inavouables, ont dû faire dans les rangs de la population bien des vides, peu regrettables, d'ailleurs. Mais, pour en revenir à la question de tout à l'heure, qui chargez-vous de la perception des loyers?

— C'est une administration spéciale, soumise, comme l'administration centrale du travail, au contrôle le plus sévère.

— A quels intervalles cette dernière paye-t-elle aux membres de la Communauté ouvrière la part qui lui revient dans la répartition des bénéfices?

— A chaque trimestre, aussi régulièrement que l'Etat bourgeois payait leurs rentes à ses créatures.

— Ah! vous voilà transformés en rentiers, à votre tour! Les rôles sont bien changés, à votre avantage! Et en quoi donc peut consister encore, parmi vous, ce droit de l'hérédité, qui perpétuait de génération en génération, à travers les âges, toutes les iniquités sociales?

-- Il ne peut consister que dans la transmission du mobilier, à titre de souvenir.

— Quoi! il faut renoncer à escompter d'avance, pour bien vivre, la mort d'un oncle vénéré ou d'une tante chérie?... Mais c'est horrible!

— Le produit des autres successions va grossir le budget de l'instruction publique.

— Ah! parlez-moi donc un peu de l'instruction publique. J'ai connu un temps où il y avait encore, dans ce « beau pays de France », des millions de naturels ne sachant ni lire ni signer. Mon père, à moi, en sa qualité de Bas-Breton du Finistère, élevé au foyer des champs, ne comprenait même pas le français (1). Au milieu de ces masses ignorantes (je n'entends pas

(1) Il avait cependant fait la première application du tambour à la meunerie, avant que les grands moulins fussent connus dans le pays.

confondre les ignorants avec les imbéciles instruits), on rencontrait des diplômés de l'enseignement secondaire, qui, n'ayant aucune connaissance d'utilité pratique, quand les fonctions publiques et les carrières libérales leur étaient inaccessibles, se voyaient souvent réduits à souper en pensées avec Horace, ou à déjeuner de quelques racines grecques.

— Aujourd'hui, les langues mortes ont disparu du programme des études et ne sont plus qu'un objet de curiosité pour les érudits, un plat réservé aux gourmets. A côté de nos écoles primaires, il y a les écoles d'apprentissage, également gratuites et obligatoires pour tous; car personne ici n'est dispensé d'apprendre un métier ou un art manuel.

— Ah! ceci me paraît plus substantiel que l'*Art poétique* de Boileau.

— Les élèves y sont classés, autant que possible, suivant les aptitudes qu'ils révèlent.

— C'est encore le plus sûr moyen de faire de bons ouvriers et de bons citoyens.

— L'enseignement supérieur est également gratuit pour les esprits d'élite qui promettent de marquer dans les sciences ou dans les arts.

— Que de génies restés stériles, faute de culture, une pareille éducation eût fait éclore dans le passé! Quelle floraison pour l'avenir!

— Quant aux diplômes, souvent dus au hasard d'un examen superficiel, on les a remplacés par des certificats d'études véridiques; et si, dans un concours quelqu'un ayant complété soimême son instruction, l'emporte sur d'autres concurrents, pourvus des meilleurs certificats du monde, il fournit la meilleure preuve de sa capacité.

— Ce n'était pas ainsi sous le bienheureux régime de l'Etat bourgeois. Il y avait alors un programme officiel, une morale et une philosophie officielles. Tenez! je me souviens encore qu'à l'épreuve du baccalauréat ès-lettres, dans ma première existence, j'ai remporté... une boule noire sur la question de l'existence de Dieu. « Monsieur, objectai-je trop naïvement à mon juge, ce n'est pas facile de prouver l'inconnu. » A ces paroles, il se dressa comme un serpent. « Monsieur, fit-il d'une voix sifflante, je vois, tout de suite, que vous n'avez pas lu votre manuel. Toutes les preuves que je vous demande y sont! » Sur cette boutade épique, il se leva magistralement, me laissant là, tout penaud de ma bévue, avec la perspective d'un blackboulage en règle.

— Nous autres, nous ne nous occupons pas plus de ce nommé Dieu qu'il ne s'occupe de nous; et, quant à la survivance de l'âme à la guenille humaine, je serai tout disposé à y croire, le jour où elle me sera démontrée avec la même évidence que la mort précédant cette prétendue immortalité. Jusque-là, il me sera permis de considérer l'âme, c'est-à-dire la faculté de sentir, de penser et de vouloir, comme une propriété du cerveau, naissant, se développant et s'éteignant avec lui.

— Et avec ces idées exécrables, qui lâchent la bride à « toutes les mauvaises passions », vous n'avez pas, à tout moment, au milieu de vous, le vol à main armée, le viol, le meurtre et l'incendie?

— Moins que jamais. Plus une société s'éloigne de l'erreur, plus elle approche de la morale.

— Vraiment? Et j'avais toujours entendu dire que la croyance en Dieu et dans la vie future était nécessaire au maintien de l'ordre.

— Cet ordre, nous l'avons connu. C'était l'exploitation du peuple par son abêtissement.

— La cause est entendue. Un léger détail, maintenant : Que faites-vous des poètes dans la cité du travail? Les en chassez-vous, comme le faisait Platon de sa république idéale, après les avoir couronnés?

— Nullement. Le communisme parisien n'est pas un communisme de barbares, et il est assez riche pour se parer de cette fleur de civilisation qui s'appelle l'Art, sous toutes ses formes. Nous n'avons donc pas, contre la poésie en particulier, le dédain systématique des prosateurs les plus ennuyeux. Justement j'ai là, dans ma poche, un volume d'Eugène Pottier, ce chantre du prolétariat, qui a si bien traduit, par la concision de son vers, la sombre plainte et la virile espérance des martyrs qu'il a connus (1). Nos poètes, comme nos peintres, nos sculpteurs et nos compositeurs célèbres, vivent de leur génie ou de leur talent. Ils épurent le goût, adoucissent les douleurs inévitables et élèvent les âmes vers le beau. De quel droit les proscririons-nous? Mais je vous avoue notre préférence pour les savants, pour ces chercheurs infatigables qui s'ingénient à diminuer la main-d'œuvre sans diminuer la production. Depuis que les machines, au lieu de couper les bras des travailleurs, leur viennent en aide, il est de notre intérêt d'en augmenter le nombre ; car tout le temps gagné sur la tâche quotidienne est acquis à la liberté individuelle. L'administration centrale de la communauté parisienne a si bien compris toute l'importance de cette question, qu'elle a institué un comité spécial ayant pour mission d'examiner les projets d'inventions utiles ; et, si l'un ou l'autre de ces projets permet de réaliser un progrès sérieux, on met à la disposition de son auteur les moyens d'exécution nécessaires.

— Voilà une idée qui ne serait jamais venue à l'administration routinière de mon époque.

— Sans doute. Mais grâce à cette libéralité, un homme de génie, qui n'avait pas trouvé, en naissant, une fortune dans son berceau, vient de résoudre enfin le problème de la navigation aérienne.

— On prétendait que ce problème était insoluble, parce que le point d'appui, pour la direction voulue, n'existait pas.

— Après bien des perfectionnements dus à une longue expé-

---

(1) Ces mots furent écrits deux ou trois ans avant la publication du premier volume de Pottier, publication due, comme on sait, à la généreuse confraternité de Nadaud, d'autant plus méritoire qu'elle est plus rare.

rience, on est enfin parvenu à créer ce point d'appui, et l'on construit, en ce moment, à Montmartre, sur les fondations de l'église du Sacré-Cœur, qui a été rasée, une vaste plate-forme, pour servir d'embarcadère et de débarcadère aux voyageurs.

— Heureux êtes-vous, puisque cette merveilleuse découverte, la plus belle depuis celle de l'imprimerie, vous livre l'espace comme la Révolution sociale vous a livré la terre!

— En dehors des inventeurs, il est encore d'autres hommes dont la mémoire a tous les droits à notre reconnaissance : ce sont ces hardis réformateurs, ces héros de la pensée et de l'action qui ont poursuivi, par des voies différentes, mais avec passion, un idéal de justice. Tous ces amis de l'humanité ont leur statue dans nos squares et sur nos places publiques, pour exciter au bien l'émulation des citoyens.

— Ceux que vous honorez ainsi méritent, au moins, qu'on se souvienne d'eux, et de mon temps il ne mourait pas un politicien bourgeois, portant l'estampille opportuniste, qui ne fût coulé en bronze. J'ai connu, entre autres, un pygmée, fondateur de la république conservatrice pour n'avoir pu restaurer la monarchie tricolore, et libérateur du territoire pour avoir renvoyé les Prussiens à coups... de milliards, qui dominerait de cent coudées toutes vos statues, étant monté sur un piédestal de trente-quatre mille cadavres. Un jour, en me relevant d'une maladie longue et terrible, née des fatigues de la lutte et des amertumes de la défaite, je fus conduis au Père-Lachaise par les tristesses de ma pensée. J'y cherchais, au hasard, l'enclos funèbre où jetant leurs armes inutiles et se donnant la main en face des mitrailleuses, les derniers combattants de la Commune s'en allèrent unis dans la mort, en poussant le même cri. Tout à coup, sur ma route, au bord d'une allée, je vis flamboyer, dans la pourpre du couchant, le nom du massacreur. Saisi d'indignation, je traçai avec un bout de crayon rouge, sur la blanche muraille du sépulcre, à l'adresse des curieux engoués d'une célébrité malsaine, ce distique vengeur :

> Ci-gît Petit-Bourgeois (1), qui fut un grand bourreau ;
> Laissez ce nain sinistre aux vers de son tombeau!

— Ce n'était pas mal, mais nous avons fait mieux que vous : nous avons jeté les restes immondes de votre « nain sinistre »... je n'ose vous dire où...

— Dans la mélasse, peut-être?

— Comme vous le dites.

— Il ne pouvait trouver une sépulture plus digne de lui. Mais si ce n'est point abuser de votre complaisance, il me reste à vous demander quelle place vous réservez, dans votre société, à cet être délicat et sensible, partout opprimé jusqu'à ce jour, à cette éternelle victime de son compagnon plus fort, à la femme en un mot?

— Nous avons fait tout simplement, comme c'était notre devoir,

____
(1) Surnom que M. Thiers aimait à se donner.

de « la plus belle moitié du genre humain » l'égale de l'autre.

— Qu'entendez-vous par là ?

— Évidemment, j'entends par là que la plus belle moitié du genre humain a les mêmes droits que la plus forte, même part d'instruction et même part de rétribution pour les services rendus à la cité. Il y a un grand nombre de jeunes filles et de femmes dans les emplois publics obtenus au concours. Beaucoup d'autres ont révélé les plus heureuses dispositions pour les beaux-arts, et quelques unes ont un nom dans la médecine. Mais ce que la femme a surtout gagné à la Révolution sociale, c'est de pouvoir être rendue, par l'accroissement général du bien-être, à son véritable rôle de gardienne du foyer domestique et de première éducatrice de l'enfance.

— Quelle différence avec la condition misérable de l'ouvrière d'autrefois, souvent forcée d'aller, en pleine croissance, s'étioler dans quelque usine infecte :

> Et cependant tout être qui respire
> N'a-t-il pas droit à sa place au soleil (1) ?...

condamnée même, par l'insuffisance du salaire, à se jeter dans la prostitution, ou bien à allumer, dans un coin obscur, avec son dernier sou, le réchaud qui délivre :

> Le lupanar, sinon le cimetière,
> Guette ses pas au détour du chemin !

— Je vois que pour avoir dormi cinquante ans, vous n'avez pas perdu la mémoire.

— Pas plus que vous. Mais à l'époque de l'élection Grévy (tout ce j'ai vu de plus épatant, avant de fermer l'œil), j'ai entendu des sots proclamer, à cor et à cri, que la femme était née uniquement pour servir à leurs plaisirs. L'honneur de votre siècle sera d'avoir prouvé à la race malingre des « petits crevés » qu'ils n'étaient pas dignes de la comprendre.

— Cette race de jouisseurs, ne vivant que de débauches et de scandales, a disparu forcément de la société actuelle. Cependant, elle garde un fort reste d'atavisme, dans le sang comme dans les cerveaux, et tout est loin d'y être parfait. Nous ne sommes qu'en l'an 1930, à dater du sans-culotte Jésus; en l'an 138, à dater de la première République française, et en l'an 69, à dater du 18 Mars, c'est-à-dire que nous sommes aux débuts de la méthode expérimentale, appliquée à la sociologie. Pour croire aux progrès que nous réserve l'avenir, il vous faudrait avoir la foi de ce poète, votre contemporain, qui ne cherchait guère à se faire connaître, et qui s'en consolait en s'écriant, dans un élan de lyrisme :

> J'ai chanté dans la nuit, mais d'autres chanteront
> Qui porteront, au jour, plus d'aurore à leur front.

— Oui, je vous comprends. Le progrès est une échelle immense dont l'humanité ne montera jamais le dernier échelon.

(1) Cette citation et la suivante sont extraites du *Chant des Prolétaires*, par Achille Le Roy.

— C'est une belle métaphore, à propos des laideurs morales d'une... autre époque. Mais le mariage a-t-il toujours lieu dans les mêmes conditions?

— Le mariage légal est forcément aboli dans la société communiste, qui n'a plus ni lois, ni prisons, ni princip s d'hérédité. Il se trouve naturellement remplacé par *l'union libre*, et l'on considère aujourd'hui comme dûment mariés l'homme et la femme qui vivent ensemble par le seul acte de leur volonté. Néanmoins, on demande presque toujours le consentement des parents, par déférence pour eux, puis, on adresse « des lettres de faire part » aux amis et connaissances. Le repas de noce est alors l'attestation de l'hymen convenu.

— Cette formalité est des plus simples. Autrefois la bourgeoisie faisait du mariage un dogme intéressé, et les chasseurs de dot qui sautaient du bureau du notaire au lit nuptial qualifiaient dédaigneusement nos unions libres de « faux ménages ». La question du divorce même, que j'ai fini par voir résoudre à moitié, fut une des grandes questions de mon temps. J'ai connu beaucoup de républicains avancés ou, du moins, se vantant de l'être, qui ne voulaient pas en entendre parler. Pour eux, c'était « la ruine de la famille ». J'ajoute que le respect de l'épouse légitime n'empêchait nullement la plupart de ces gens-là de courir les filles et d'entretenir des maîtresses, souvent même avec la dot de l'épouse délaissée. Mais, quand il plaît, chez vous, de se séparer par la volonté de l'un ou de l'autre, cela ne porte-t-il aucun préjudice aux enfants qui peuvent être nés d'une union si facile à rompre?

— Aucun préjudice matériel, assurément, puisque tous les enfants sans exception, comme je vous l'ai déjà expliqué, restent à la charge de la communauté jusqu'à ce qu'ils soient en état de se suffire. D'autre part, je pourrais vous répondre que nos unions libres sont bien plus harmoniques que ne l'étaient vos mariages de convention ou d'intérêt.

— Tout cela me paraît logique, et cependant j'ai souvent entendu des pères de famille pauvres m'objecter qu'ils n'auraient jamais voulu voir leurs enfants élevés de la sorte, par crainte de ne plus jouir de leur présence ou de perdre leur affection

— C'est que les pères de famille dont vous me parlez avaient encore un morceau de pain pour leur progéniture et n'avaient jamais éprouvé le désespoir de l'entendre crier la faim sans pouvoir lui donner à manger. Ces pauvres travailleurs, qui ne comprenaient rien au problème social, étaient les victimes aveugles de préjugés bêtes. Ce sont ceux-là mêmes que nous avons sauvés de la misère, pour ainsi dire, malgré eux. Les enfants de l'ère nouvelle, quoique élevés en commun, sont parfaitement libres de voir leurs familles aux heures de récréation comme aux jours de congé, et leurs familles ont ce grand avantage de n'avoir pas à s'inquiéter de leur entretien ni de leur avenir.

— Les temps sont bien changés! Dans la société marâtre où je vivais, il était impossible au plus vaillant ouvrier parisien d'élever trois ou quatre enfants et de laisser avec eux leur mère au logis, sans tomber dans une gène atroce.

— À qui servaient donc les bureaux de l'Assistance publique ?

— Peut-être aux employés supérieurs et à une clientèle choisie... Les plus dignes d'entre les travailleurs aimaient mieux souffrir un peu plus que de mendier un secours dérisoire. Mais si la condition des ménages prolétariens était déplorable, que dire de celle des filles-mères abandonnées ? Pour ces malheureuses victimes, aucun recours efficace : rien que le désespoir, le suicide ou pire encore.

— Et quoi de pire ?

— L'infanticide! ce crime monstrueux, qui se répétait journellement, vers la fin du dix-neuvième siècle, et quand l'opinion publique indignée criait aux cagots tenant fabrique de lois : « Rétablissez les tours ! sauvez les innocents! » ils répondaient en chœur : « Vous voulez favoriser le vice! vous perdez la morale! ».

— On a connu leur morale : elle était propre! Mais, à propos de l'égalité sociale des deux sexes, il s'est produit un fait qui a révolutionné tout l'état civil.

— Vous m'étonnez ! Et quel fait donc?

— C'est que la femme a réclamé le droit de donner son nom patronymique à l'enfant.

— Et sur quelle raison a-t-elle basé cette prétention ?

— Sur une raison sans réplique : c'est que la maternité est évidente, et la paternité ne l'est pas.

— En effet, dans le monde bourgeois de mon temps, combien de maris qui n'étaient pas les pères de leurs enfants!... Bravo! elle est complète aujourd'hui la réhabilitation de cette adorable génératrice d'un peuple libre,

> Autour d'elle, versant, comme un rayon du ciel,
> De son âme l'amour, de ses lèvres le miel!

— Ah ça! est-ce que vous allez, maintenant, vous lancer dans le dithyrambe?

— Excusez-moi... c'est encore une réminiscence du passé...

MON INTERLOCUTEUR (*à part*). — Ce compagnon de hasard, étranger par son costume à la cité, et que j'ai été tenté, au début de notre entretien, de prendre pour un fou, m'intrigue de plus en plus. *(Haut)*. Citoyen, j'ai répondu de mon mieux aux diverses questions que vous m'avez faites. Permettez-moi donc de vous demander, à mon tour, qui vous étiez à la date de l'élection de Grévy à la présidence de la troisième République, puisque vous vous êtes présenté à moi comme un revenant de cette époque?

— J'étais, je vous l'avoue, un passant bien effacé, auquel personne ne faisait attention, et qui n'a, par conséquent, rien d'intéressant à vous apprendre, à son sujet. Veuillez donc, je vous prie, me témoigner, quelques moments encore, la même bienveillance, pour aller jusqu'au bout. D'après tous les renseignements qu'il vous a plu de me donner, je vois avec plaisir que vous êtes entrés dans une ère de civilisation bien supérieure à toutes celles qui l'ont précédée. Ainsi, pour résumer cet entretien, après avoir renversé du pouvoir les traitres qui fondaient leur dernier espoir sur un massacre international, vous avez dépossédé révolutionnairement, au profit du peuple parisien, les anciens propriétaires de la cité, et de là a découlé, comme d'une source naturelle, l'abolition du paupérisme et du salariat, par la substitution de l'association libre, principe d'égalité et de solidarité, au patronat, principe d'égoïsme et d'exploitation.

— C'est cela même.

— Voulez-vous m'apprendre si toute la province vous a suivi dans ce mouvement?

— Dans les grandes et les petites villes, comme dans les centres industriels et miniers, la résistance aux masses populaires était impossible. Au fond des campagnes, au contraire, il a fallu, sur plus d'un point, la briser par la force des armes; et quelques contrées, notamment les plus riches, ont été ensanglantées par la guerre civile.

— Et quels sont les criminels qui ont osé assumer une telle responsabilité?

— Parbleu! les gros propriétaires terriens, soutenus par les autorités constituées de l'ancien régime et par un grand nombre de petits propriétaires, assez naïfs pour avoir cru d'abord que les *partageux* des villes allaient leur enlever jusqu'à la peau. Mais quand ils ont vu le comité national révolutionnaire qui avait triomphé du Kaiser allemand leur laisser les terres qu'ils pouvaient cultiver par eux-mêmes et par leurs familles, et mettre fermiers, métayers, ouvriers agricoles en possession de celles qu'on leur contestait, la lumière s'est faite bientôt dans tous les esprits; et après des siècles de servage et de sujétion, délivré maintenant des usuriers qui le dévoraient, le cultivateur est, enfin, le libre « père du blé », le nourricier de la société entière!

— Heureux de connaître, par votre bouche, les grandes réformes accomplies en France, je vous prie encore de me donner, en quelques mots, un aperçu de l'état actuel de l'Europe. Je sais déjà que l'Italie et l'Espagne ont chassé leurs souverains, et que la Sociale a été proclamée par l'armée allemande elle-même, fraternisant avec la nôtre.

— Eh bien! à la nouvelle de cette proclamation, là-bas, au delà du Rhin, à Berlin, Dresde, Munich, Francfort, comme autant de coups de mine, éclata la Révolution! Alors, l'ex-empereur, affolé, qui s'était sauvé du camp avec son état-major et voulait rentrer dans ses États, tourna bride vers la Belgique, impatient de mettre la frontière entre ses « fidèles sujets » et lui. Mais, ne se croyant pas en sûreté chez son petit « frère » et rappelant Xerxès (1) après Salamine, il franchit, dans le premier navire venu, le détroit du Pas-de-Calais, pour aller raconter à

(1) On sait que le grand roi des Perses fut réduit à repasser l'Hellespont dans une barque de pêcheur.

ses hôtes d'outre-Manche sa glorieuse odyssée. Le contre-coup de la Révolution allemande réduisit en poussière ce colosse fait de pièces et de morceaux, qui s'appelait l'empire d'Autriche. Aussitôt, la malheureuse Pologne, qui, jusqu'à cette heure, râlait inerte sur sa croix, déchirée par trois vautours, exhala de son sein douloureux un cri de révolte entendu des nihilistes; et le grand despote du Nord, qu'ils ne pouvaient songer à renverser par les armes, périt dans le réseau des conspirations tendu autour de lui. Pendant cette guerre sociale faite à coups de bombes et de poignard, les Serbes, les Roumains et les Bulgares avaient formé la *Libre Confédération du Danube*, après avoir forcé leurs tyranneaux à prendre leur retraite... à l'étranger. Enfin, la race illustre des Hellènes, débarrassée du roitelet que lui imposa jadis l'Europe monarchique, a retrouvé, sous les cendres du passé, l'étincelle sacrée de son génie indépendant.

— Que de bouleversements dans l'espace d'un demi-siècle!... Mais

> Dans cet écroulement d'empires et de trônes,
> Je cherche à distinguer les porteurs de couronnes :
> Vers quels bords ont roulé, sur ce globe mouvant,
> Tous ces puissants d'hier, balayés par le vent?

— Je vous dirai, dans mon humble prose, que je crois qu'ils se sont réfugiés auprès du grand Turc, à Bagdad (1), où l'ombre d'Haroun-al-Raschid les console de son mieux. Ce qui est certain, c'est qu'on ne les a pas vus au carnaval de Venise (2).

— Pas même le roi d'Italie?

— Il a été « balayé » peu après le roi d'Espagne, quand nous avons soulevé et armé les socialistes de ce pays, pour la bataille décisive entre la démocratie et le césarisme.

— Vous m'avez représenté l'empereur allemand, chassé de France et renversé ensuite par la Révolution, allant demander asile à l'Angleterre. L'aristocratie vivrait et régnerait donc encore sur cette terre classique de la liberté?

— *John Bull* gronde et lui montre des crocs formidables, prêt à l'engloutir dans les profondeurs de son estomac; mais elle vit toujours tant bien que mal, grâce au sang nouveau qu'elle a soin de s'infuser de temps à autre, et aussi, grâce aux concessions qu'elle a l'habileté de faire à propos. C'est ainsi que, fatiguée d'une guerre sourde, entremêlée de coups de poignards et de coups de feu, à l'adresse des lords ou de leurs tenanciers, elle a fini par reconnaître au peuple irlandais le droit de vivre et lui accorder son autonomie.

— La bourgeoisie de mon époque n'a jamais voulu donner la moindre satisfaction aux plus légitimes revendications populaires, et de là vient, sans doute, qu'un beau jour vous lui avez tout pris à la fois. Mais il y avait, comme disait feu Gagne, un archi-type

(1) Nous avons omis de dire que, chassé de Constantinople, le sultan avait transporté sa cour à Bagdad, l'ancienne capitale de l'*Islam*.

(2, Allusion à un conte de Voltaire.

de conservateur, un vieillard vénéré des croyants, qui portait sur ses debiles épaules le poids du monde catholique, un représentant infaillible en chair et en os de Dieu sur la terre :

Le pape! puisqu'il faut l'appeler par son nom...

Que diable en avez-vous fait?

— Je serais fort embarrassé de vous apprendre au juste où il réside en ce moment, mais je puis vous affirmer qu'il n'est plus à Rome, ni même en Europe.

— Oh! la comédie que j'ai vue se jouer « dans la ville éternelle »! Alors, ils étaient là, tous les deux, le pape et le roi, l'un en face de l'autre, ayant toujours l'air de se regarder « en chiens de faïence », et s'entendant en réalité « comme larrons en foire ». Mais, sans doute, l'ancien hôte du Vatican, des sandales aux pieds, quelques lambeaux de bure sur la peau et la tête couverte de cendre, s'est acheminé vers Jérusalem, avec l'intention bien arrêtée de s'ensevelir au Saint-Sépulcre, pour y conjurer, dans le jeûne et la prière, tant d'abominations?

— Pas si bête, le Saint-Père!... Il a dirigé la barque de Pierre vers l'Amérique du Sud, le seul point du globe où il peut espérer encore une existence assez dorée.

— En sorte qu'il ne vous reste déjà aucun vestige du passé : plus de propriétaire individuel des moyens de production, plus de magistrat, plus de prêtre, plus d'armée permanente, pour l'oppression du peuple?

— Parfaitement. Il n'y a plus d'armées permanentes sur ce continent, par la raison bien simple qu'il n'y a plus de monarques; et, s'il arrive qu'une grande question d'intérêt divise deux nations, un jury, formé de nationalités désintéressées dans cette question, est appelé à la juger; puis les parties adverses n'ont qu'à s'incliner devant son verdict.

— Honneur à vous d'avoir fait mentir ces cruelles paroles de l'implacable chancelier prussien aux vaincus de 70 : « La force prime le droit! » Mais l'aristocratie anglaise, restée en dehors du mouvement révolutionnaire, n'a pas désarmé. C'est, au moins, heureux pour vous que son armée soit occupée chez elle et peut-être aussi dans les Indes orientales.

— C'est encore plus heureux pour elle que les nihilistes l'aient débarrassé du tzar; car, le jour où tombera de sa couronne le splendide diamant des Indes, elle aura vécu!

— Périsse le joug de fer des conquérants normands sur les rudes travailleurs de la vieille Angleterre, de l'Ecosse et de l'Irlande!

En ce moment, nous entendîmes une clameur lointaine, qui grossissait en se rapprochant, et mourait un instant, pour renaître plus forte. C'était un immense vivat, formé de cent mille voix et montant dans l'azur, au-dessus de la multitude, avec de joyeux roulements de tonnerre.

— Que signifie cela? m'écriai-je.

— Ces acclamations, répondit mon interlocuteur, annoncent l'approche des délégués de la province, venus à l'occasion de cet anniversaire, offrir à la ville de Paris leurs vœux de reconnaissance, pour avoir pris l'initiative de l'affranchissement du prolétariat français. Or, comme le nombre de ces délégués est très considérable, il a été convenu d'avance qu'ils se réuniraient sur la place de la Bastille, afin de se rendre en corps à l'Hôtel de Ville, et qu'ils ne prononceraient aucun discours. En conséquence, chacun doit se borner, en traversant la salle d'honneur, à remettre au président du Conseil supérieur du Travail, une adresse, au nom de sa ville ou de son village.

— Je préfère cette simplicité aux discours prononcés avec emphase, et aux coups de canon.

— D'après le programme, une fanfare saluera la tête de colonne entrant dans la cour de l'Hôtel de Ville ; et, pendant le défilé des délégués dans la salle d'honneur, deux chœurs de chanteurs d'élite, hommes et femmes, placés sur deux estrades, au fond de cette salle, alterneront pour chanter un hymne né du nouvel ordre social.

— La *Marseillaise* n'a donc plus sa popularité d'autrefois ?

— Cette grande inspiration guerrière est forcément devenue, par la suppression des guerres internationales, un pur document historique. L'hymne qu'on chante, à cette heure, célèbre les bienfaits de la paix fécondée par le travail affranchi, le règne de l'égalité, les joies de l'amour libre, puis ce ravissement, au sortir des siècles de servitude, de contempler notre monde régénéré. Écoutez l'écho de cette strophe :

Libre Europe, terre sacrée,
Tes vieux chênes sont rajeunis !
Je vois, sous leur tente azurée,
Resplendir tes Etats-Unis !

Gloire !... un jour radieux se lève
Pour sourire à l'humanité...
La pensée a brisé le glaive :
Salut à la fraternité (1) !

— Eh bien ! cher citoyen, tout en nous associant à l'allégresse publique, buvons à la prochaine émancipation de tous les peuples qui subissent encore la double tyrannie du glaive et du capital ! Buv... !

Hélas ! dans la fièvre généreuse de mon enthousiasme, j'avalai mon verre de travers, et le reste se devine... je me réveillai en sursaut !

A ce cruel réveil, adieu le songe réconfortant qui, sous la caresse de ses ailes d'or, m'avait versé l'oubli !

Mais, en tombant de si haut dans les tristes réalités du présent, je gardai dans mon cœur assoiffé de justice le souvenir du monde entrevu, et j'écrivis ces pages pour mes frères du prolétariat.

Dans l'attente des événements, durant ces longs jours d'épreuve, puissent-elles leur donner une espérance qui allège leur chaîne, une idée qui les aide à la briser !

(1) C'était la dernière strophe de *La Parisienne de 70*, qui me vint sur la neige, dans la veillée des armes. Déclamée dans quelques réunions, puis mise en musique par deux ou trois compositeurs de bonne volonté, elle commençait à prendre son vol au-dessus des bataillons de mon quartier, quand elle fut tuée par la capitulation .. qu'elle n'avait pas prévue !

POÉSIES DIVERSES

L'AURORE DU 14 JUILLET (1)

Mères, cueillez des palmes vertes
Pour le berceau de vos enfants;
Jeunes filles, dansez galment, de fleurs couvertes;
Et toi qui, sous le pied des maitres triomphants,
Râles, tes blessures ouvertes,
Vieux forçat du travail, de ton bagne, aujourd'hui,
Pour combattre, surgis éclatant d'espérance,
Car de ta délivrance
Enfin l'aurore a lui!

Elle a lui, l'immortelle aurore
De la sainte rédemption
Qu'au fond de son enfer, un monde aveugle encor,
A genoux, attendait, plein d'adoration!
Elle a lui sur la nue entr'ouverte et sereine,
L'aurore du plus grand des jours!
Et déjà, l'annonçant aux rives de la Seine,
Le bourdon vibre au haut des tours!
Et du peuple-sauveur l'avant-garde sacrée,
Sentant partout son être un feu brûlant courir,
Dit, prenant le mousquet et la pique ferrée :
Debout pour vaincre ou pour mourir!
Oracles inspirés du règne humanitaire
Qui du monde nouveau vient proclamer les droits,
Aux Panthéons de la terre,
Montesquieu, Rousseau, Voltaire,
Montez, montez sur la tête des rois!
Car, du seuil radieux de l'ère fraternelle,
Vous nous avez versé la lumière éternelle,
Soleils de vérité!
Et maintenant voilà que des milliers de braves,
Jurant de briser leurs entraves,
S'ébranlent aux faubourgs de la grande cité!
C'est que, de leur âme obsédée
Des cauchemars d'un long sommeil,
Vient de jaillir la même idée,
Au premier rayon de soleil!
Et tous, à cette heure bénie,
Tous, brûlant des mêmes transports,
Contre un monde de tyrannie,
Ils marchent au combat des forts!
Soldats de la misère, armés par la Justice,
Qui portez des cœurs fiers sous de nobles haillons,
Que de la Liberté le clairon retentisse,
Pour saluer vos bataillons!

Je vois leur armée
Qui, comme un torrent,
Là-bas, en courant,
Débouche enflammée
D'un feu dévorant,
Et, sourde aux alarmes

(1) 3e Tableau du poème inédit : *Les Premiers des Grands Jours*.

> Des femmes en larmes,
> Battant ses tambours,
> Sort des vieux faubourgs,
> Appelant : « Aux armes ! »

Où donc vont ces vengeurs !... où vont-ils, où vont-ils,
Ces sombres bataillons, hérissés de fusils?...
Entendez-vous?... Aux quais, aux boulevards, la foule,
Pêle-mêle roulant avec un bruit de houle,
Crie à la foule un nom qui retentit sans fin...
Et jusqu'au cliquetis du fer mouvant qui brille
    Leur répète, avec le tocsin :
    « A la Bastille! à la Bastille! (1) »

JE SUIS TRISTE DE VIVRE

Je suis triste de vivre inutile à mes frères,
De trainer après moi mes jours comme un boulet,
Et de subir Decembre (2), aux voiles funéraires,
Après avoir chanté l'*Aurore de Juillet!*

Triste de m'être épris des clartés éternelles,
Et de porter un dieu dans mon sein frémissant,
Et de le sentir là, faute d'avoir des ailes,
Comme l'aiglon dans l'œuf, se débattre impuissant!

Triste, enfin, de mourir jusques à l'espérance,
Sans avoir aux maudits livré le saint combat,
Et, pour m'étendre seul, avant la délivrance,
Dans quelque coin obscur, d'entrevoir un grabat!

Mais, non, crime hideux dont la nuit fut complice (3);
Non, triomphe insolent du sac et du poignard;
Non, non, haine sacrée et trop lente justice,
Je ne veux pas ainsi me coucher à l'écart.

Je veux, pour tomber digne, en grandissant ma taille,
Liberté! prendre rang parmi tes fiers soldats;
Je veux sonner la charge au front de la bataille,
Et cracher mon vers libre aux faces des Judas!

Salut au pur rayon qui perce les ténèbres...
Le soleil éclipsé reparaît à mes yeux,
Et de la fosse noire où sont les jours funèbres,
La France se redresse, en regardant les cieux!

Prodige (4) !... Oui, la morte a recouvré la vie...
On entend de son cœur chaque pulsation...
La meute des chacals, encore inassouvie,
Voit, tremblante d'effroi, sa résurrection!

La Révolution relève de la poudre
Son front que tant de fois l'éclair illumina,
Et voici qu'elle vient à ce nouveau Sina,
Aux despotes muets parler avec la foudre (5)!

---

(1) Autrefois, quand cette inspiration m'a saisi, je n'avais que la foi révolutionnaire et je me faisais illusion, comme tant d'autres, sur les résultats obtenus...
(2) L'Empire.
(3) Le Coup d'Etat.
(4) Faire l'élision après une suspension est toujours absurde et enlèverait ici de son énergie au vers.
(5) Ceci rappelle évidemment les agitations de la rue en 1869.

LA QUESTION DE L'AMNISTIE [1]

Et qui n'a pas senti des rougeurs sur la joue,
Qui n'a pas entendu, comme un bruit de canon,
Retentir à son cœur les désastres sans nom
Provoqués par l'Empire en croulant dans la boue,
Alors que les clairons de la Déroute, hélas!
Dans nos champs envahis sonnaient avec les glas?

Ne les a-t-on pas vus, ces héros à panaches
Qui traînaient tant de honte aux crocs de leurs moustaches,
Contre la Liberté couvant de noirs desseins,
Accourir sur Paris en semant les alarmes,
Pourfendre ses journaux en maîtres spadassins,
Puis sortir nuitamment pour lui voler ses armes?...
Estimant cet exploit plus propre à les venger
Que n'eût été l'honneur de chasser l'étranger!

C'est alors que, forcé de faire la réplique,
Paris, se levant, dit : « Vive la République! »

Je ne dépeindrai pas — mon cœur en a saigné —
L'horrible dénoûment de cette tragédie,
Ni l'âpre désespoir d'un peuple condamné,
Ni des soldats vainqueurs cette aveugle furie
Qui leur donna, huit jours, par la loi du plus fort,
Sur le premier venu droit de vie et de mort!

Oh! maudite à jamais soit la date fatale
Où tant de sang français baigna la capitale?
Où, le combat fini, tant d'hommes, amenés
Sur les quais, dans les cours ou contre la muraille,
Tombèrent dans l'oubli, fauchés par la mitraille,
Sans se plaindre au destin, graves et résignés,
Comme si, las de vivre, il leur était facile
D'envisager la mort comme leur seul asile!

Et combien, de chez eux, sans crainte descendus,
Dans la rue, en amis, ayant voulu paraître,
Furent exécutés pour un bouton de guêtre,
Pour un oui, pour un non, bien ou mal entendus,
Pour un geste indigné devant le meurtre infâme,
Ou pour un cri d'horreur échappé de leur âme!

Rappellerai-je ici, sans nommer tel ou tel,
Ce fier élu du peuple, à la tragique histoire,
Entrant en vrai martyr au Panthéon de gloire,
Par un assassinat qui l'a fait immortel?...
L'innocent expiant les fausses ressemblances,
L'enfant blond foudroyé sur le sein maternel,
Et les crânes brisés aux lits des ambulances?...

(1) Premier prix, en 1879, au concours de *La Muse Républicaine*, directeur : Bouÿ (DE VILLIERS).

Jamais le pur regard du beau ciel étoilé
De plus noires hideurs n'avait été souillé !

Il existe partout, vieille comme le monde,
Une race égoïste, hostile à tout progrès,
Mangeant chaud en hiver et l'été buvant frais,
Qui toujours dormirait dans une paix profonde,
Si parfois la rumeur des révolutions
N'en troublait le sommeil et les digestions !

C'est la race de ceux qui ne daignent comprendre
Que le travailleur souffre alors qu'ils sont heureux.
Si vous n'êtes contents, « allez vous faire pendre ! »
De quoi vous plaignez-vous? Le monde est fait pour eux !

O peuple, garde-toi de leur donner la fièvre,
Car alors ces repus que tu voyais si doux
Se signer à la messe et ployer les genoux,
Ont des fureurs de tigre avec des peurs de lièvre !

Citoyens, ce n'est pas en pleurant qu'à leur seuil
Va, pour nos chers absents, ma pauvre muse en deuil.
A quoi bon les prier? Je sais que la prière
Glisse, sans les toucher, sur ces âmes de pierre!
Mais si je pouvais bien me permettre l'espoir,
Dans leur propre intérèt, je leur dirais ce soir :

> — Oubliez, afin qu'on oublie !
> Et si jamais, sur nos faubourgs,
> L'airain gronde encor dans les tours,
> Mieux que l'eau du ciel, l'amnistie,
> Avec vos noms, aura lavé
> Le sang qui tacha le pavé !

> — Que craignez-vous?... Ces faces hâves
> Que je vois, au loin, sur la mer,
> Jetant leur plainte au gouffre amer,
> Veulent-elles piller vos caves?...
> Non!... mais avoir en liberté
> Un rayon du soleil de France,
> Quelque joie après la souffrance,
> La femme ou l'enfant regretté !

Maintenant, au parti soi-disant le plus sage,
Aux esprits éclairés, aux gouvernants du jour,
Au nom de la raison, leur montrant mon visage,
Je m'adresse sans crainte et je dis sans détour :

> — Pour couvrir, dans la grande ville,
> La République de leurs corps,
> Ils sont tombés comme les forts,
> Ils sont tombés plus de vingt mill : (1)!
> Mais, en mourant, ils ont vaincu,
> Car, grâce à tant de morts stoïques,
> Couverts de lueurs héroïques,
> Oui, la République a vécu !

(1 A l'époque, on n'était pas encore fixé sur le nombre.

— Eh bien, messieurs, payez, s'il vous plaît votre dette !
Payez aux survivants ; vous le pouvez demain;
Vous en aurez plus tôt la conscience nette :
Ces vaillants vous ont mis le pouvoir dans la main !
Payez par l'amnistie une épreuve si rude,
De peur que, s'indignant de tant d'ingratitude,
L'Histoire, qui connaît vos mesquins appétits,
Vengeant les fédérés, proscrits de Soixante-Onze,
Ne grave, en vous pesant, sur la page de bronze :
ILS POUVAIENT ÊTRE GRANDS ET SONT RESTÉS PETITS (1)!

LA COMMUNE RESSUSCITÉE

I

C'était au lendemain de nos derniers désastres,
De ces hontes sans nom, de cet écroulement
Le plus profond encor dont sous le firmament,
Depuis qu'il vit et marche à la lueur des astres,
Ce monde ait entendu le retentissement.

Du Rhin jusqu'à la Loire, en ébranlant la terre,
A l'exemple des Francs, sur le vieux sol gaulois,
L'invasion germaine, avec ses chars de guerre,
    Roulait comme autrefois ;
Et, dans la plaine immense, au-dessus du naufrage
D'un peuple, on voyait seul, debout à l'horizon,
    Sous les grondements de l'orage,
    Paris livré, mais vaincu, non !

    Alors, pareille au fier Génie
    De la Gaule à son agonie
    S'envolant sur Alésia,
    Quand, pour fonder sa tyrannie,
    César dans le sang la noya,
    Ici, dans la cité fidèle,
    Vous ralliant tous autour d'elle,
    La République, ô travailleurs,
    Fit de vos cœurs sa citadelle,
    Et de vos bras, ses défenseurs !

(1) NOTE DE BOUÉ (DE VILLIERS). — Emu de ce chaud et magnifique plaidoyer, et désireux qu'il retentisse au plus vite, nous avons insisté près de M. Souètre pour qu'il le communiquât à M. Léon Cladel, directeur de la tribune publique de *La Marseillaise*, et notre éminent confrère, inspiré par la même pensée que nous, s'est empressé de publier l'œuvre de M. Souètre. Nous devions cette explication aux concurrents.

Car, dès que la Géante aux puissantes mamelles
Eut vu de ses aînés les tristes avortons
Livrer la ville sainte au viol des Teutons,
Un rayon fulgurant jaillit de ses prunelles ;
Et, prenant sous les bras ses canons en faisceau,
A grands pas, devant elle, allant en inspirée,
Elle monta là-bas, sur la butte sacrée
   Où la Commune eut son berceau !

Cependant, les élus de l'autel et du trône,
Troupeau de chagotins (1), secoué par la peur,
Valets de porte-crosse ou de porte-couronne,
Tremblants, la regardaient, de loin, avec stupeur ;
Et n'osant pas tirer le poignard de sa gaîne
   Pour la frapper au jour,
Mais comptant, d'un seul coup, la tuer sans retour,
Pour la frapper dans l'ombre, ils aiguisaient leur haine !

II

   En voici l'heure, car la nuit,
   Sur le crime, jette ses voiles ;
   Car, las de veilles et de bruit,
   Montmartre dort sous les étoiles ;
   Et, comme lui, sur la cité,
   Trop oublieuse dans son aire,
   Elle dort avec le tonnerre,
   Mais de ce sommeil agité
   Dont s'indigne le vrai courage,
   Quand il a dévoré l'outrage,
   Quand les lâches l'ont souffleté !

Allons ! soldats ! debout, sur l'ordre qu'on répète :
Debout, tous les vaillants, « sans tambour ni trompette. »

Remarquez-vous, là-bas ?... Mais le roi des glaciers,
   Mais l'aigle au vol superbe,
Qui voit, du haut des airs, les reptiles sous l'herbe,
Ne remarquerait pas ces brillants officiers !...

   Qu'importe ? Dans les ténèbres,
   Ils montent, montent toujours...
   Ils ont pris, vainqueurs célèbres,
   Les canons muets et sourds,
   Et, fiers de tant de vaillance,
    Vont en silence
    Les enchaîner...
Mais quel fatal oubli ! Quoi ! rien pour les traîner ?...
Rien ?.. Et le jour se lève, et l'Orient est rouge...
Et, des monstres béants raillant, de leurs affûts,
   Ces bravaches confus,
   O désespoir, aucun ne bouge !

(1) *Chagotins*, de Chagot, synonyme d'exploiteur

Sur Montmartre, voici sourire, au ciel vermeil,
L'Aurore aux flèches d'or, qui chasse le Sommeil ;
     Voici que la ruche guerrière
       Bourdonne, aux rayons du matin.
La Géante, à ce bruit, ouvre enfin la paupière
Et voit les nains obscurs qu'a surpris la lumière
       Au haut de l'Aventin,
A ses foudres de bronze attelés hors d'haleine,
Poussant, tirant, suant et mourant à la peine !
Tout à coup, oubliant ses poignantes douleurs
Et prise de pitié plutôt que de colère,
Les désignant du doigt au mépris populaire,
Superbe de dédain, elle crie : « Aux voleurs ! »

Tous les chefs de la bande, à ce coup de tonnerre,
Ont fui jusqu'à Versaille ou sont rentrés sous terre.

III

Comme l'enfant promis à des jours radieux,
La Commune allait naître à la clarté des cieux,
Dans l'ivresse d'un jour, hélas ! si belle encore,
Que tous ceux qui l'ont vue à sa première aurore
En gardent, éblouis, un rayon dans les yeux !

Paris libre et donnant à la France l'exemple,
Sacrant le Travail roi de ses maîtres tremblants.
Se penchant sur le faible et chassant de son temple
Les marchands engraissés par la traite des blancs !

Paris libre marchant et, dans sa foi profonde,
Sublime ensemenceur, avec sérénité,
Ouvrant sa large main, pour jeter sur le monde
Le grain de la Science et de l'Egalité !

Mais plutôt que de voir ce Paris, comme un phare,
Eclater dans la nuit de leur règne barbare :
— Qu'il périsse à jamais avec ses grands destins !
Qu'il nage dans le sang ou croule dans les flammes,
Ont dit avec fureur ces Versaillais infâmes,
Gouvernants, francs-tileurs, rufians et catins !

Donc, tandis que, rêvant une paix chimérique,
Le peuple s'abandonne aux élans de son cœur,
« Le sinistre vieillard » au rire satanique
A fait signe à Bismarck, l'implacable vainqueur,
Et le Rhin allemand, pour la guerre civile,
Lui vomit ses captifs par centaines de mille !

     Malgré Floréal au ciel bleu,
     Jeune Commune égalitaire,
     Suprême espoir du prolétaire.
Il faut combattre : — Haut, ton drapeau rouge au feu !

IV

> Fille héroïque de la mère
> Que guillotina Robespierre,
> Deux mois, dans les combats livrés
> Devant nos forts croulant en poudre,
> Elle le porta sous la foudre,
> A la tête des Fédérés !

Puis, de Versaille, enfin, quand aux noires cohortes
    La trahison ouvrit ses portes ;
Quand, furtif, dans ses murs, de nuit, tu pénétras,
    Massacre lâche, aux mille bras,
Et que de ce Paris si beau, monstre en démence,
    Tu fis un abattoir immense,
Sept jours, on l'aperçut, grande en le défendant,
    Debout dans un nuage ardent,
Combattant pour le Droit, plus beau que la Victoire,
    Les flancs rougis, la face noire,
Jusqu'à ce qu'elle vit, en se sentant mourir,
    Le sang, dans ses veines, tarir !

> Alors, sortant de la fournaise,
> Aux lueurs des palais brûlants,
Là haut, sur le plateau funèbre de Lachaise,
On l'entendit monter avec ses plus vaillants !

> Là, redressant sa haute taille,
> Elle tomba dans la bataille,
> Sur son étendard en lambeaux,
> Et l'écho de son dernier râle,
> Jusque dans l'ombre sépulcrale,
Sur les morts réveillés, secoua leurs tombeaux !

V

« L'ordre » règne à Paris, leur revanche est complète...
Ils triomphent de nous avec des airs hautains,
Quand, tout à coup, au seuil de la salle de fête,
Comme apparut Banco dans l'éclat des festins,
Deant eux, surgissant de la nuit mortuaire,
La Commune apparaît dans son rouge suaire :

— Députés, sénateurs, illustres généraux,
    Hommes d'Etat sévères,
Qui buvez le plus pur de mon sang à pleins verres,
    Salut à vous, bourreaux !

Ah ! race de trembleurs, égoïste et féroce,
    Enfin, de vos peurs réveillés,
Vous voilà donc, à l'aise, attablés à la noce
    Des trente mille fusillés ?...

Toi, « le petit bourgeois » héritier de l'empire,
    Thiers, immonde vampire,
Que je sentais, râlante, accroupi sur mon cœur!
Toi, Favre le faussaire, énervant patriote;
    Toi, Simon l'Iscariote ;
    Toi, Ferry, maître affameur !

Et vous autres, sabreurs paradant sur la scène,
Vous, les héros de Mai, dans le drame sans fin,
Cissey, Ducrot, Vinoy, Galliffet et Garcin,
    Trinquez donc à Bazaine,
    Pour le peuple messin !

Après avoir des miens fait bien plus de cadavres
Que jamais l'Océan n'en roula dans vos havres,
Vous dites, rassurés : — Elle n'existe plus ! —
Et, plus vivante, à l'heure où vous me croyez morte,
Voici que je reviens frapper à votre porte,
Aveugles qui dormez le sommeil des repus !

Car je suis la Raison, chaque jour bâillonnée
    Par votre fol orgueil ;
Car je suis la Justice, à vos bagnes traînée,
    Devant le monde en deuil ;
Je suis, dans tous les temps, l'indomptable rebelle
Qui, tombant sous vos coups, se relève immortelle !

C'est pourquoi, défiant encore le tombeau,
Au brasier mal éteint, j'allume mon flambeau,
Pour guider, à travers cet enfer, vers son règne,
Le travailleur courbé qu'on écrase et qui saigne !

Mais, pour vous, gouvernants assoiffés du pouvoir,
Je suis la Liberté venant briser vos armes ;
Pour vous, spoliateurs d'un peuple au désespoir,
Je suis l'Egalité, qui tarira ses larmes ;
Pour vous, beaux officiers constellés de crachats,
    O vrais foudres de guerre,
Je dois, en conjurant l'orage des combats,
Par la Fraternité, rasséréner la terre !

Jusque-là, soyez fiers, heureux et triomphants,
Glorieux assassins de femmes et d'enfants !
Dormez sur vos lauriers, sans souci d'autre chose,
Pourvoyeurs des poteaux hideux de Satory :
    Votre éternelle apothéose
    Sera le pilori !

Allez !... si vous marchez rongés par mille ulcères,
    Jouisseurs éhontés ;
Si l'insolent manteau de vos iniquités
Traine encore au soleil sur toutes nos misères,
Vous êtes des mourants ! — et lorsque, sous les fleurs,
    Vous riez après boire
    Et vous chantez victoire,
J'entends, derrière vous, le pas des fossoyeurs !

———————

LA DANSE DES OPPORTUNISTES

Attention ! Je vois renaître
Ce cher Léon, leur ancien maître,
Qui vient danser un rigodon ;
Et, sensible à leurs sérénades,
Avec mille et mille gambades,
Il leur redit, du meilleur ton :

    A nous la France
    A dévorer,
    Et vive la bombance,
    Tant qu'elle peut durer (1) !

Admiré de toute la bande,
Au beau sexe même il commande,
Fier comme un coq sur ses ergots,
Quand la faible main d'une femme
De ses projets découd la trame,
Tandis qu'il répète ces mots :
    A nous la France, etc.

Alors, en le toisant à terre,
Et sachant éteint son tonnerre,
Le beau Jules (2), brave à tout crin,
Issu, dit-on, d'un nain (3) difforme,
Le flaire avec un pif énorme,
Fredonnant, joyeux, son refrain :
    A nous la France, etc.

Puis, déployant toute la grâce
Dont fait parade un vrai paillasse,
Il danse, il danse avec amour ;
Et, sans être noceur, en somme,
Pareil au singe imitant l'homme,
On l'entend chanter à son tour :
    A nous la France, etc.

Mais tout au succès qui le grise,
Le fourbe ajoute avec franchise :
— Fi des programmes d'autrefois !
Assez naïf pour nous élire,
« Le peuple-roi », ce pauvre sire,
N'a qu'à se courber sous nos lois !
    A nous la France, etc.

— Autour des urnes qu'on délaisse,
Tantôt, à coups de grosse caisse,
Il faut battre le ralliment ;
Tantôt, sur le terrain de lutte,
Il faut jouer un air de flûte,
Accompagné d'un boniment.
    A nous la France, etc.

— Enfin, si l'on résiste au charme,
Il nous reste bien le gendarme
Pour aiguillonner les plus mous ;
Mais, au fait, soyons bons apôtres
Pour les uns comme pour les autres,
Du moment qu'ils votent pour nous.
    A nous la France, etc.

— Quant à ces brutes délirantes
Qui voudraient nous piper nos rentes,
Moi, je m'engage à les calmer :
Au service de la canaille,
Nous avons fusils et mitraille,
Las, depuis Mai, las de chômer !
    A nous la France, etc.

— Hourra ! clame la troupe immonde,
Menant une infernale ronde
Autour du gros ventre ballant !
Et la voilà, folle de joie,
Comme la meute après sa proie,
Toujours en rut, depuis hurlant :
    A nous la France, etc.

Pendant qu'ils dansent de la sorte,
Marianne enfonce la porte,
Puis, sur leurs dos, avec dégoût,
Manœuvrant l'arme redoutable
Qui nettoya plus d'une étable,
Elle les balaye à l'égout !

    A moi la France
    A délivrer,
    Et trève à la bombance
    Qu'ils ont fait trop durer !

---

(1) Nous devons cependant à la vérité de dire que Gambetta valait mieux que ses disciples, et qu'il n'aurait pas livré son pays aux Compagnies financières.

(2) Jules Ferry.

(3) Bouffon de Stanislas Leczinski, roi détrôné de Pologne.

LA MARIANNE DE 1883 (1)

Mon nom, à moi, c'est Marianne,
Un nom connu de l'univers,
Où j'aime à porter, d'un air crâne,
Mon bonnet rouge de travers;
Et du peuple robuste fille,
Au jour des fiers enivrements,
Je veux, au grand soleil qui brille,
Avoir des mâles pour amants!

    Va, Marianne,
Pour en finir avec tes ennemis,
  Sonne, sonne la diane
    Aux endormis !

Dur forgeron, batteur sublime;
Noir mineur, du jour exilé ;
Marin, qui passes sur l'abîme ;
Vieux laboureur, père du blé,
Des dirigeants la caste avide,
Au ciel vous promet les beaux jours :
Dérision ! leur ciel est vide,
Et votre enfer s'emplit toujours !

    Va, Marianne, etc.

Quand le vieillard que l'on rebute,
Seul, pour mourir, se couche au soir;
Quand vos filles, de chute en chute,
Roulent aux hontes du trottoir;
Quand le spectre errant de la grève
Sort en haillons de ses taudis,
Là, de pitié, mon cœur en crève,
Et les heureux, je les maudis !

    Va, Marianne, etc.

Nom de nom ! faut-il que je voie,
Me faisant encore sa cour,
Ce chauve au bec d'oiseau de proie,
Monsieur Vautour, monsieur Vau-
             | tour?
Ah ! par le dégoût soulevée,
Pour écraser sous mes talons
L'oiseau rapace et sa couvée,
Je marcherais sur les canons !

    Va, Marianne, etc.

Je hais les guerres de conquêtes,
Je hais les rois et les césars ;
En triomphateurs, sur vos têtes,
N'ont-ils pas fait rouler leurs chars?..
Des massacreurs qu'on glorifie,
Ma main châtira les forfaits :
J'ai mis la marque d'infamie
Sur l'épaule des Galliffets!

    Va, Marianne, etc.

Mais, si la Faim à face blême,
Devant les repus se dressant,
Leur pose, en armes, son problème
Sur nos pavés rougis de sang,
Je sais bien que, pour le résoudre,
L'éloquence ne suffit pas :
C'est en faisant parler la poudre
Qu'on fait taire les avocats !

    Va, Marianne, etc.

Ma république, ô prolétaire,
Eternel vaincu du destin,
C'est à la table égalitaire
Ton couvert mis, dès le matin ;
Et devant l'homme, j'y réclame,
Pour mon sexe, la liberté :
Il faut relever dans la femme
L'aïeule de l'Humanité !

    Va, Marianne, etc.

Tombez, tombez, vieilles barrières,
Au jour nouveau de la raison ;
Tombez, préjugés et frontières,
Avec la dernière prison ;
Puis, ce sera la délivrance,
Œuvre si lente à s'accomplir :
La Bastille de l'ignorance,
C'est la plus dure à démolir !

    Va, Marianne,
Pour en finir avec tes ennemis,
  Sonne, sonne la diane
    Aux endormis !

(1) Chantée ou jouée, la *Marianne* est de toutes les manifestations du Parti Socialiste belge; et, après avoir été traduite dans les principales langues de l'Europe, elle est devenue en hollandais la *Marseillaise* de la Hollande. — Ma surprise fut grande au Congrès de Bruxelles lorsque, faisant flotter le drapeau de l'Union des Peuples en tête de la colonne des délégués du monde entier, j'entendis soudain éclater derrière moi les notes triomphales de la *Marianne* (Note de l'éditeur).

NOTA. — S'adresser, pour la musique, chez l'auteur ou l'éditeur.

LE PREMIER MAI DU PÈRE PEINARD

Enfants ! c'est moi père Peinard,
Si connu de tous à la ronde ;
Me levant tôt, me couchant tard,
Je travaille pour tout le monde,
Ne gagnant, du matin au soir,
Que quelques croûtes de pain noir,
Au prix de ma sueur féconde.

Mais de traîner ainsi jusqu'au trépas
Le dur fardeau de mes longues misères,
Enfin, je suis las, bien las,
Mille tonnerres !

Or, ce matin, à mon réveil,
Plus alerte qu'à l'ordinaire,
Voyant sourire le soleil,
Je suis sorti de mon « repaire »,
Me demandant : « Vieil opprimé,
» Ne vas-tu pas au premier Mai,
» Au premier Mai du prolétaire ? »
        Car de traîner, etc.

Quand j'ai senti dans mon cerveau
Entrer la lumière, ô surprise !
Et le souffle du renouveau
Se jouer dans ma barbe grise,
Révolté contre le patron,
J'ai, soudain, sans plus de façon,
Pris les *Huit Heures* pour devise.
        Car de traîner, etc.

Misère ! n'est-ce pas assez
Que, pareil au chien qu'on attache,
Je me courbe, les reins cassés,
Huit heures durant, sur ma tâche ?
Ah ! prenez garde, les pansus,
Vous, si gonflés de vos écus,
Prenez-y garde ou je me fâche !
        Car de traîner, etc.

Ma famille, sachez-le bien,
Est innombrable, et la science,
De son servage quotidien,
Partout, lui donne conscience.
Aussi, je déclare céans
Qu'à nourrir tant de fainéants,
Elle est à bout de patience !
        Car de traîner, etc.

Eh ! que m'importent ces grands mots
Religion, Devoir, Patrie,
Qu'ils déclament à tout propos,
En y drapant leur infamie !
Moi, je me sens aussi des droits,
Et le premier de tous, je crois,
N'est-ce pas mon droit à la vie ?
        Car de traîner, etc.

Tant qu'au profit de l'exploiteur
On verra marcher la machine,
Expulsant l'humble travailleur
Du champ natal et de l'usine,
Honte, honte et malédiction
Sur notre civilisation (1),
Cette accoucheuse de famine !
        Car de traîner, etc.

Mais si les repus restent sourds
A notre vœu le plus modeste (2),
Ou ne trouvent que des discours
Pour guérir un mal si funeste,
Eh bien ! au nom du genre humain,
Il faudra, pour tuer la Faim,
Prendre la machine... et le reste !
        Car de traîner, etc.

Alors, Capital et Travail,
Dont la guerre aujourd'hui fait rage,
Entre eux contractant un long bail,
Ensemble feront bon ménage ;
Et, dans la vie, heureux seront
Les peuples libres qui naîtront,
Qui naîtront de ce mariage !

Car de traîner ainsi jusqu'au trépas
Le dur fardeau de mes longues misères,
Enfin, je suis las, bien las,
Mille tonnerres !

(1) Comme le vers latin a des mètres douteux, le vers français devrait avoir aussi, dans la plupart des polysyllabes, les rimes en *ion* brèves ou longues à volonté.
(2) La journée de huit heures.

LE MASSACRE DE FOURMIES

I

C'est la fête de la Misère,
Dans le rayonnement des fleurs ;
C'est le célèbre anniversaire
Du Premier Mai des travailleurs ;
Du Premier Mai, date immortelle,
Qui, pour la pâle Humanité,
Marque cette étape nouvelle
Ayant nom **Solidarité** !

Oui, dans tous les pays aspirant au bien-être,
Entre les exploités, ces éternels vaincus,
  Heureux, enfin, de se connaitre,
Il existe un lien qu'on ne brisera plus !
Car, formé dans les cœurs par les mêmes souffrances,
Partout, il les rallie aux mêmes espérances ;
Et de là ce concert formidable de voix,
Sur tous les points du globe, éclatant à la fois !

Cependant, en dépit de leur esprit sceptique,
Effrayés, en secret, des manifestations
Venant effrontément troubler leurs digestions,
Et réduire à néant toute leur politique,
Partout, les gouvernants, dont la race est de fer,
Pour condamner l'Idée aux sombres oubliettes,
Pensent qu'il leur suffit d'un mur de baïonnettes,
Aussi fous que Xercès faisant battre la mer !

Prétention ridicule et vaine résistance !
De ce monde expirant, c'est, au terme fatal,
Pour conquérir à tous le droit à l'existence,
La lutte du travail contre le capital.

Dans ce duel social du siècle qui s'achève,
L'un des deux combattants a l'appui du pouvoir,
Et l'autre, s'inspirant de son seul désespoir,
Pour défendre son pain, n'a qu'une arme : la grève !

Or, à cette heure même, en complet désaccord,
Ouvriers et patrons, ces classes ennemies,
  Sont là-bas, vers le Nord,
  Face à face, à Fourmies ;
Et, dans ce val riant, si calme en d'autres jours,
La troupe arrive, au bruit menaçant des tambours !

Que dis-je ? On a pu voir, aux premières alarmes,
  Entre les sabres dégaînés,
  Quatre grévistes enchaînés (1),
Comme des malfaiteurs, menés par les gendarmes !

Alors, sans crainte, alors, quelques-uns d'exprimer,
Tout haut, ce vœu de tous : « Allons les réclamer. »

---

(1) Deux d'entre eux avaient été arrêtés, le matin, vers neuf heures, aux abords de la filature Sans-Pareille, après une charge où un enfant avait eu une oreille coupée et un homme le front fendu, pour quelques couplets de circonstance, comme la *Chanson des huit heures*, chantés par la troupe des manifestants.
Les deux autres prisonniers furent cueillis en route vers la mairie, je ne sais pour quel motif.

II

Horreur ! horreur ! Quel bruit sinistre, à mon oreille,
Comme un écho funèbre, arrive, à ce moment ?...
Ah ! je ne puis douter si je rêve ou je veille :
C'est du feu des lebels le lointain roulement,
A ce premier essai, faisant aussi « merveille » (1) !

Du peuple désarmé qui s'enfuit éperdu,
    Pris de terreurs soudaines,
O crime ! ô lâcheté ! le sang est répandu,
    Comme l'eau des fontaines !
Et la grêle de plomb, sans discontinuer,
Jusque dans les maisons, pénètre pour tuer !

Tonnerre ! que font donc, pendant cette tûrie,
Isaac (2) et Bernier (3) au fond de la mairie,
Si ces deux magistrats, dans ce rôle nouveau,
Ne sont pas simplement des valets de bourreau ?

Beaux messieurs, pour montrer qu'à tort on vous accuse,
Sommez le commandant (4) — ce sera votre excuse —
D'arrêter net le cours de ces assassinats !...
Venez...

    A mon regard, quelqu'un vient d'apparaître,
Qui, devant les fusils, accourt, levant les bras...

Est-ce un de ces messieurs ?...Non !...Cet humble est un prêtre,
Sur la scène poussé, d'un élan tout humain (5).
Ce prêtre vous condamne, ô race de Caïn !

Maintenant, sur la place (6) et là, dans cette rue (7),
Un spectacle émouvant s'offre encore à ma vue :
Tous ceux qu'aveuglément les balles ont fauchés,
        A cette heure fatale,
    Tous ces mourants à face pâle,
    Je les vois, dans leur sang, couchés !
    Et s'ils n'ont plus que des murmures
    Sur leur lèvre au souffle léger,
    Par la bouche de vingt blessures,
    Ils commandent de les venger !

Lequel d'entre eux, lequel, par un crime sauvage,
A pu donc provoquer cet horrible carnage ?
Serait-ce toi, Cornaille (8), enfant si faible encor,
Ce matin, souriant à la douce lumière,
Et, ce soir, tout sanglant, au bout de ta carrière,
    Tombé là, pour mourir, devant la Bague d'Or (9) ?

(1) « Les chassepots ont fait merveille » sont des mots restés célèbres depuis Mentana.
(2) Le sous-préfet d'Avesnes.
(3) Le maire de Fourmies.
(4) Chapus.
(5) L'abbé Marguerin.
(6) La place du Marché.
(7) La rue des Eliets.
(8) François Cornaille, 11 ans.
(9) Un estaminet à l'intérieur duquel fut aussi tué un autre enfant du même âge
Gustave Pestiaux.

Est-ce toi, Maria (1), l'heureuse fiancée
Dont la pensée,
Même en ce jour,
Etait toute à l'amour ?
Toi qui, pour la fête nouvelle,
N'avais d'autre arme que le « mai » (2)
Du bien aimé,
Alors que, sur le mur, a jailli ta cervelle !
Ah ! pauvre fille, adieu ton rêve de bonheur,
Ce rêve de l'hymen, qui remplissait ton cœur !

Est-ce toi, Giloteaux (3), toi, son ami fidèle,
Comme elle aussi, frappé de la foudre, soudain,
Et couché râlant auprès d'elle,
Avec ton étendard tricolore à la main (4),
Sans qu'*ils* aient reconnu, dans cette loque usée,
Les trois couleurs de leur drapeau ?

Malheureux ! désormais, au lit froid du tombeau,
La Mort sera ton épousée !

Vous tous que ce massacre au deuil a condamnés,
Femmes, enfants, vieillards, parents infortunés,
Pour vous, hélas ! combien, dans vos mornes demeures,
Combien, en y voyant vide, matin et soir,
La place où l'être aimé ne viendra plus s'asseoir,
Lente résonnera la voix grave des heures !

Comment un officier qui se pique d'honneur
Peut-il bien recevoir d'un effronté poseur
L'ordre de mitrailler une foule sans armes,
Pour faire ainsi couler tant de sang et de larmes,
Sans en sentir son front se couvrir de rougeur,
Sans briser son épée et, là-même, sur place,
A ce youtre en jeter les tronçons à la face (5) ?

Comment surtout, comment le jeune plébéien
Aujourd'hui militaire et demain citoyen,
Ouvrier, paysan, enfant du prolétaire
Qui travaille à la forge et laboure la terre,
Peut-il tirer sur ceux dont le sang est le sien,
Au lieu de les aider, au premier vent d'orage,
A briser, d'un seul coup, leur antique servage ?

Mais, sous la main de fer, par la peur opprimé,
On sait que le soldat est un esclave armé (6) !

Maudits soient, entre tous, comme les plus coupables,
Maudits ceux-là que l'on connaît
Comme agents responsables
De ce forfait !

(1) Marie Blondeau, 18 ans.
(2) Rameau fleuri.
(3) Edmond Giloteaux, 19 ans.
(4) Le fait de porter un drapeau tricolore prouve surabondamment qu'il ne leur était pas hostile par ses principes.
(5) Ce qui ajoute à l'odieux de cette fusillade, c'est qu'elle n'a été précédée d'aucune des sommations exigées par la loi même.
(6) Il est évident que cette définition, je ne l'applique qu'à la généralité des soldats, sachant bien qu'elle admet heureusement de nombreuses exceptions.

Et, pour leur châtiment, durant leurs insomnies,
  Qu'ils aperçoivent, à défaut
    De l'échafaud,
Se dresser devant eux les spectres de Fourmies !

Mais tu peux regarder, à ton aise, ces morts,
Toi, Constant le Cynique, éteint pour le remords ;
Toi qui, maître dans l'art de vider les sacoches,
N'as pas d'autre souci que de remplir tes poches ;
Toi, sinistre gredin, que l'Assemblée absout (1),
Mais dont le bagne même aurait quelque dégoût !

LES MARTYRS DE CHICAGO (2)

(Pendeurs et Pendus)

Ils ont dressé, là-bas, devant la terre entière,
Affichant l'infamie attachée aux bourreaux,
  Ils ont dressé, dans la lumière,
  Quatre gibets pour des héros !
Et le monde damné, saluant les victimes
Des quatre assassinats commandés par la loi,
Vient de sentir sur lui, de ces martyrs sublimes,
  Passer le souffle ardent de foi !

Pendeurs de Chicago, race abjecte et honnie,
Avez-vous savouré leurs spasmes d'agonie ?...
Eh bien ! de ces hideurs parez-vous sans remord,
Et laissez, dédaigneux, la plèbe vous maudire ;
  Car le tzar daigne vous sourire,
Le tzar, le grand pendeur de l'Empire du Nord !
Et vous pouvez, repus de lâches représailles,
Marqués, comme eux, au front du signe de Caïn,
  Oui, vous pouvez donner la main
  A nos fusilleurs de Versailles !

Donc, à chacun le prix des services rendus :
A vous l'ignominie, et la gloire aux pendus !

  Mais ces martyrs dont la grande âme,
Sur l'échafaud, a consacré nos droits,
Qu'ont-ils fait pour mourir de ce supplice infâme,
  Où la potence a remplacé la croix ?...
  Lutteurs assoiffés de Justice,
Champions du Travail et de l'Egalité,
Ils sont avec ardeur descendus dans la lice,
  En invoquant la Liberté !

(1) Allusion au vote du 4 mai.
(2) Leur innocence a été reconnue depuis.

Et des maîtres d'hier la haine inassouvie,
Les condamnant d'avance au dernier châtiment,
Ils ont expié de leur vie
Le crime de leur dévoûment !
Mais, pour que leur mort soit féconde,
A l'œuvre, maintenant, ouvriers inconnus,
O rudes forgerons, travailleurs aux bras nus,
A l'œuvre, pour refaire un monde !
Debout les précurseurs aux ronces déchirés,
Et debout avec eux, debout devant les autres,
Vous, les savants, vous, les apôtres,
Vous, les artistes inspirés !
Allez, la flamme au cœur ! allez, partez en guerre
Contre les buveurs d'or et de sang précieux,
Puisqu'impassible encore, le tonnerre,
Toujours, dort au fond des cieux !

HÉGÉSIPPE MOREAU

Morne, pâle, hagard devant sa destinée,
Il m'apparut couché sur un lit d'hôpital,
Ainsi que je le fus, trois fois, la même année :
« — Ami, murmura-t-il, ma course est terminée,
» Et voici le terme fatal ! »
Et comme je voulais raviver l'espérance
Dans le cœur ulcéré
De ce désespéré :
« Non, non, ajouta-t-il, j'attends la délivrance ! »
Puis, je ne sais quel souffle, un moment, l'anima,
Et son regard voilé, soudain, se ralluma :
« Subir, pour mon tourment, sans désarmer l'envie,
» L'implacable démon qui dévorait ma vie ;
» Oser rêver de gloire et n'avoir pas de pain,
» Pour suivre ma chimère ;
» Et, dès les premiers jours, succomber à la faim,
» Sous l'étreinte de la misère ;
» Le long de mon chemin, me traîner pour souffrir,
» Frère, n'était-ce pas, à chaque heure, mourir?
» Vieille société marâtre
» Qu'avec Gilbert et Malfilâtre,
» Des milliers de penseurs ont maudite avant moi,
» Monstre au rire fardé, courtisane aux faux charmes,
» Dont le manteau brillant n'est qu'un tissu de larmes,
» Honte et malheur sur toi !
» L'arbre donne son fruit au sauvage intraitable,
» A l'enfant des forêts, sans boussole et sans frein ;
» Et, pour nous, les voyants allaités à ton sein,
» TU N'AS PAS DE PLACE A TA TABLE ! »

Sur ces mots, me laissant à mon émotion,
L'ombre s'évanouit avec la vision

LE PANAMA

I

Si ton front génial conçoit une entreprise
Qui, par sa grandeur même, excite la surprise,
Et qu'il faille au succès de tes concepts nouveaux
D'énormes monceaux d'or pour d'énormes travaux,
Pauvre fou ! sur ton œuvre, avec des cris de joie,
Tu verras se ruer tous les hommes de proie.

Exemple : de Lesseps, vieillard aux soirs amers,
Dont la main, par Suez, a réuni deux mers,
Hier, « le grand Français » visité par la gloire,
Aujourd'hui, le mourant perdu dans la nuit noire (1) !

On peut donc, à cette heure, on peut bien affirmer
Qu'il est encore plus à plaindre qu'à blâmer.
Mais, pour apprécier, comme on doit, je le pense,
Du fameux Panama la catastrophe immense,
Regardons, s'il vous plaît, passer sous nos regards
La bande aux appétits féroces : ses pillards !

II

Il existe une race, entre toutes, funeste,
Qui vit uniquement de spéculations
Et qui régnant partout, de par ses millions,
Engendre plus de maux que n'en cause la peste !
Or, ce vivant fléau, sans cesse sévissant,
Ce sont les financiers, buveurs d'or et de sang,
Gens habiles, sachant, en toute circonstance,
Extraire du travail sa meilleure substance,
Exploiter une affaire, et, se riant des sots,
Plumer, d'un tour de main, la foule des gogos !
D'où viennent leurs châteaux, leurs brillants équipages
Et ces laquais dorés, leur tenant lieu de pages,
Sinon de ton labeur, peuple toujours volé ?
Leur fortune première est faite de ta ruine (2) ;
Car l'un te prend la bourse, et l'autre prend ton blé,
Donnant ainsi la main, pour semer la famine
Au protectionisme enragé de Méline (3) !
Mais ces rois de nos temps sont chez nous en honneur,
Et leur sourire même est presque une faveur ;
Ils ont leurs courtisans, et j'entends qu'on me crie :

(1) Ce dernier hémistiche est une allusion à l'éclipse de son intelligence.
(2) Dans ruine, j'ai fait rui d'une syllabe.
(3) Il est évident que Méline n'a d'autre but que de favoriser les gros propriétaires
ruraux, en faisant monter le prix de leurs fermages, et la grande coupable ici, c'est l'appropriation individuelle de la terre, que personne n'a créée.

— Vous les calomniez par une basse envie :
Ces hommes sont polis, aimables, souvent même,
En mainte occasion, généreux à l'extrême.

— Aimables ?... C'est possible et je ne dis pas non :
Le vieux Reinach l'était et, plus encore, Arton !
Généreux ?... Passe encor... mais avec leurs maîtresses :
Je ne vois pas, d'ailleurs, trace de leurs largesses.

— On connaît des Rothschild la noble charité.
— Oui, nous la connaissons. Parfois ces bons apôtres
Aux pauvres font l'aumône avec l'argent des autres ;
Mais je vous le déclare en toute vérité,
De tous ces bienfaiteurs, le meilleur, à tout prendre,
Ne vaut pas un ruban de chanvre, pour le pendre !
Toutefois, en tondant le troupeau tout entier,
Ces pègres de haut vol ne font que leur métier !
Et que dirai-je donc, sans quelque irrévérence,
Que vous dirai-je, amis, sans leur manquer d'égards,
De tous ces députés, les élus de la France,
Par le peuple anoblis du titre de *chéquards ?...*
Un beau titre vraiment, s'ils veulent bien m'en croire,
Le seul qui de l'oubli sauvera leur mémoire !
Eh quoi ! d'un cœur léger, pratiquer le cumul,
Trafiquer du mandat ou le tenir pour nul,
Empocher vingt-cinq francs par jour, pour ne rien faire,
Ou, du moins, pour ne faire, à nos yeux, rien de bon,
Hôtes du Luxembourg et du Palais-Bourbon,
A votre dignité cela ne suffit guère ?...
D'un désastre public il vous faut profiter
Pour mettre aussi la main sur l'épargne française ?
Ah ! vous vous en donnez, messieurs, bien à votre aise,
Et celui-là n'est pas fier qui peut s'en vanter !

Je ne suis pas chauvin, mais citoyen du monde,
Au moins, par ma pensée et par ma foi profonde ;
Mais ce noble pays, où tant d'hommes sont morts,
Morts pour la Liberté, dans le combat des forts,
Ce pays des aïeux, aux dévouements insignes,
Je ne veux pas qu'il meure entre vos mains indignes !
Et s'il prend fantaisie au Kaiser tout-puissant
D'écrire dans son règne une page de sang,
Certes, vous n'êtes pas, vous n'êtes pas de taille
A soutenir l'effort de la grande bataille !
Car, pour y porter haut l'idée et le drapeau,
Vous avez le cœur vide autant que le cerveau !

Devant le noir tableau des misères navrantes,
Au spectacle incessant des drames de la faim,
Votre plus grand souci, c'est de grossir vos rentes,
Misérables voleurs de travail et de pain !

Cependant, quelquefois, « la vile multitude »
Ou le simple anarchiste, à la règle insoumis,
De vos digestions trouble la quiétude ;
Et, tout récemment, l'un de vos meilleurs amis,
Homme habile et toujours souple, quoique replet,

Tremblait, tout interdit, à la brusque visite
De notre brave Achille (1), armé d'une marmite!

Mais passons aux chéquards, à ce monde vénal
Digne d'être cinglé du fouet de Juvénal.
Ce qui du Panama grandement l'intéresse,
Ce n'est pas le canal délaissé : c'est la caisse !
Et le plus séduisant de tous les corrupteurs
S'en va, tout guilleret, vers nos législateurs,
Qui devant les billets de mille qu'il fait luire,
Ne demandent pas mieux qu'à se laisser séduire !
Alors, d'un jour nouveau tout à coup éclairés,
Les convertis du chèque ont des airs inspirés,
Et plus d'un Sans-Leroy, qui votait non la veille,
Aux emprunts du canal sont acquis, ô merveille !
Mais, au Palais-Bourbon, quand déjà, dans l'oubli,
Ce marché scandaleux semble être enseveli,
Voilà que, secouant la bande mercenaire,
La voix d'un justicier, trop haute pour mentir,
La réveille en sursaut par un coup de tonnerre,
Qui d'échos en échos, au loin va retentir !
Tumulte !... Pour calmer cet orage au plus vite,
On commande un semblant de libre instruction,
D'où l'on voit naître au jour un semblant de poursuite,
Couronné d'un semblant de condamnation,
D'avance anéanti par la prescription ;
Puis, le rideau tombé, dans une ombre discrète,
On se donne entre soi le baiser Lamourette !

Cependant, les honneurs naguère à lui rendus,
Robespierre Floquet ne les recevra plus !
Et l'intègre Rouvier, sans vouloir en médire,
Aura bien de la peine à se faire rélire (2) !

Et Freycinet, que Herz a roulé comme un sot,
Ne saurait plus prétendre à détrôner Carnot,
Trop heureux, au Sénat, trop heureux qu'on oublie
Son crime envers Turpin, l'inventeur de génie !

D'autres aussi, comme eux, sont tombés sans retour,
Tout aussi bien qu'Eiffel, du faîte de sa tour !
Et, mieux portant qu'eux tous, l'agent de la Triplice,
Ce malade éternel, en rit dans la coulisse !

Panama ! Panama ! ton nom, partout connu,
En mettant les hideurs de cette époque à nu,
Révèle à l'avenir, comme étant déjà mûre,
La dissolution d'un monde en pourriture !
Car chez nos gouvernants, dominés par la peur (3),
Morte est la conscience et mort aussi l'honneur ;
Si bien que, des escrocs complices misérables,
Tous, n'ont eu qu'un seul but : protéger les coupables !
Et si votre œil perçait sous leur crâne, un moment,
Il y verrait ainsi qu'au fond d'un lac dormant,
Où maint reptile impur dans la vase se joue,
TOUS LES VERS FOURMILLER DANS CES AMES DE BOUE !

(1) Achille Le Roy, dit l'Académicide.
(2) *Rélire* mis pour *réélire*, comme étant plus léger.
(3) La peur des petits papiers.

EN CHEMIN DE FER

A Louis Guillemois.

Roule, train de l'enfer, roule plus vite encore,
Eventre le coteau, saute fleuve ou vallon,
Et, sur l'étroit ruban que ta course dévore,
Emporte-moi, sans fin, dans un noir tourbillon !

    Esprit battu par la tempête,
    Voyageur sans guide ni loi,
    Ne sachant où poser la tête,
    Je vais, au hasard, devant moi !
    Et, las de voir la race humaine,
    Servilement, sous le drapeau,
    Baiser le glaive qui la mène
    A l'abattoir, comme un troupeau,
    Pour oublier la fange immonde
    Où croupit tant de lâcheté,
    Je voudrais, à travers le monde,
    Toujours, me sentir emporté !

Roule, train de l'enfer !... Sorti de la fournaise,
Déjà, plus libre aux champs, je respire à mon aise.

Quelle beauté sereine au front du firmament !...
Tout mon cœur se dilate et s'ouvre avidement
Pour boire les senteurs et les parfums nocturnes
Que le doux Floréal épanche de ses urnes !

Mais voici que la Nuit souffle ses lampes d'or,
Et l'Aube aux cils d'argent regarde de la nue...
C'est la vierge qui veut, mais sans l'oser encor,
Dans le ruisseau natal, se baigner toute nue !

La brise, en se levant, court légère sur l'eau,
Et le feuillage tremble aux branches du bouleau...

Enfin, salut au jour, salut à la lumière !...
Un immense incendie embrase l'Orient,
Et l'astre égal pour tous, là-bas, en souriant,
Comme sur le château, brille sur la chaumière !

Quelle voix de cristal, quelle fraîche chanson
Semble, ainsi que l'oiseau, voler de ce buisson ?

Elle est assise ici, la petite bergère...
Son chien, sur ses jupons, allonge le museau...
L'œil à tous ses moutons, elle a la main légère
Pour vider sa quenouille, en tournant le fuseau,
Et sa gaîté si franche éclate si sonore,
Qu'elle semble envoyer des baisers à l'aurore !

Mais pourquoi, maintenant, au champ libre des airs,
Des cloches d'alentour ces larmoyants concerts...

Païen! c'est aujourd'hui la fête du dimanche...
Vois-tu?.. Le maire prend son pas officiel...
Sa femme, pour le suivre, a mis sa coiffe blanche,
Et les voilà lancés sur le chemin du ciel!

Jacques Bonhomme aussi, vers l'église voisine,
Peu friand de prière, à pas lents, s'achemine,
Et, le long des sentiers où rayonne l'amour
Disant aux jeunes gens : « Vivez votre jeunesse ! »
J'aperçois, çà et là, les hommes du labour
Par habitude, allant, pour bâiller, à la messe!
Roule, train de l'enfer!... emporte-moi plus loin
Des superstitions dont mon œil est témoin...

Mais le tableau varie à chaque tour de roue...
J'aime à voir, comme au vol, bois, collines, rochers...
J'aime à voir, dans la plaine où mon regard se joue,
A l'horizon changeant, poindre et fuir les clochers!

Étangs où le grand bœuf, en ruminant, s'abreuve,
Vieux donjons effondrés, que le lierre a couverts,
Saules échevelés, pleurant au bord du fleuve,
Je vous donne, en passant, le salut de mon vers!

Mais est-il donc écrit qu'à côté de la Joie,
Il faut que la Douleur, sans cesse, marche en deuil ?...
Là-bas, par le chemin qui touche à cette voie,
Sous ces arbres, j'ai vu s'éloigner un cercueil...

Qui peut-il au repos emporter de la vie?...
Est-ce une jeune femme arrachée à l'époux?...
Est-ce une vieille mère au vieux foyer ravie?...
Est-ce une de ces fleurs dont le lis est jaloux?...

Je l'ignore... On l'emporte à la terre bénite...
Ne songeons pas aux morts : ils vont toujours si vite!

Quel étrange contraste!... Ici, le violon
Mène la danse en chœur sous un dais de feuillage...
Une rumeur de fête anime le vallon...
Parisiens, regardez la noce de village!

Quel rire au villageois! Quelle force à l'enfant
Qui pousse avec le chêne au cœur de la Nature!...

Je connais l'épousée, à son air triomphant...
Elle porte une rose à sa verte ceinture...
Bonne nuit!...

      Roule encor, roule, train de l'enfer!...
Mais voici que mon front penche épuisé de sève...
Sur mes yeux engourdis pèse un cercle de fer...
Adieu, bonheur d'un jour, je m'endors sur ton rêve!

LE RENOUVEAU

A Argyriadès.

Voici que de l'hiver le sombre règne expire,
Et déjà Germinal revêt son gai manteau;
C'est fête dans les champs pour tout ce qui respire :
Amoureux du plaisir, chantez le renouveau.

Comme l'amante au jour sourit avec mystère,
Au souvenir d'un songe ou d'un réveil charmant,
Ainsi, de son sommeil, sort heureuse la Terre,
Aux baisers du Soleil, son glorieux amant.

Heureuse, à ces baisers, de se sentir renaître
A la joie, à l'hymen, à la fécondité,
Et l'on admire, ému, sans le pouvoir connaître,
Le merveilleux travail de sa maternité.

Voyez-vous, au matin, son sein gonflé de sève
S'épanouir plus vif, à chaque éclosion?...
Pour elle, maintenant, chaque jour qui se lève
A les enchantements d'une création!

Aussi, comme elle semble encore jeune et belle
Sous l'éclat renaissant de son front radieux,
L'aïeule des humains, cette antique Cybèle,
Que l'Hellade jadis plaçait au rang des dieux!

Pour nous, fils de Satan, enfants de Prométhée,
Tous les dieux sont tombés des sommets éclatants;
Mais il est bien permis, sans cesser d'être athée,
De rendre, en tout honneur, un hommage au printemps.

Le printemps même, c'est la vie,
Qui, sous des aspects si divers,
Avec le bonheur qu'on envie,
Se manifeste à l'univers;
Car il donne aux buissons des roses,
Et des tons bleus aux clairs ruis-
[seaux,
Et le sourire aux fleurs écloses,
Et des ailes aux nids d'oiseaux!

De lierre il pare les ruines
Où le passé dort son sommeil;
Il fait, au penchant des collines,
Fleurir la vigne au sang vermeil,
Et, dans les sillons qu'il féconde
Pour le bonheur du genre humain,
Germer, avec la moisson blonde,
Le grain sacré dont sort le pain!

Partout, des senteurs enivrantes,
Partout, des souffles caressants,
Et les bois verts, lyres vibrantes,
Retentissent de mille accents!
Et, dans ces poèmes rustiques,
L'humble insecte, sous le gazon,
A son *Cantique des Cantiques*,
Tout aussi bien que Salomon!

Ah! pourquoi donc, douce Nature,
Quand tout est fête, rire, amour,
L'homme, ta noble créature,
Peut-il, à regret, voir le jour?...
Oui, pourquoi, Nature immortelle,
Lorsque, de ton sein généreux,
La vie, à larges flots, ruisselle,
Existe-t-il des ma'heureux?...

C'est qu'il existe encore, il existe sur terre,
Tout un peuple, soumis aux caprices du sort,
Le peuple aux doigts calleux, ce rude prolétaire
Qui, traînant en forçat le boulet du salaire,
N'a d'autre liberté que celle de la mort !

Mais vous, qui sous le ciel vivez d'insouciance,
Amoureux du plaisir, chantez le renouveau :
Moi, tout en admirant cette magnificence,
Moi, de l'Humanité je veux la renaissance,
Et j'appelle Lazare à sortir du tombeau !

LES SEMAILLES

Aujourd'hui, les amis ! c'est le temps des semailles,
Et la Terre y reçoit le grain de vérité ;
Demain, c'est Messidor ; demain, de ses entrailles
Eclora la moisson pour le déshérité !

LES FIANCÉS DE LA SEINE

On eût dit qu'ils suivaient le chemin le plus beau,
Car l'amour les guidait, tous deux, à son flambeau,
Jeunes et confiants, pleins d'espoir et de sève,
Capables de marcher rayonnants dans leur rêve ;
Mais n'est-il pas écrit au plus profond du cœur
Que toute passion enfante la douleur ?

Naguère, cependant, au bord du même fleuve,
Combien, en Floréal, saison chère aux amants,
  Combien leur âme, encore neuve,
  Avait de beaux épanchements !

Le jeune homme, prenant à témoin la Nature,
Disait :
  — Ma bien aimée, oh ! oui, je te le jure
Par ce trésor divin, plus précieux que l'or,
  Par notre bonheur même,
Ce n'est pas ta fortune, un vulgaire trésor,
  C'est toi seule que j'aime !
Et, fort de cet amour, sous ton regard, charmé,
Tandis qu'à mes côtés je te verrai sourire,
  Dût ta famille me maudire,
Je serai trop heureux d'aimer et d'être aimé !

Et, comme ces fleurs d'or, aux brillantes corolles,
Qui boivent les rayons et les larmes des cieux,
En l'écoutant parler, sa compagne aux doux yeux
    Buvait de ses paroles
    Le son mélodieux.

— Ton amour, disait-elle, enivrée et ravie,
Ton amour est pour moi le seul bien de la vie!

Mais elle avait, trop tôt, compté sans ses parents
Et sans nos préjugés, les pires des tyrans :

— Ah! vous vous permettez ainsi, Mademoiselle,
De roucouler, là-bas, sous la verte tonnelle,
Avec un vrai bohème, « un jeune homme de rien? »

— S'il est pauvre, il me plaît. Ne suis-je pas, cher père,
Assez riche pour deux? Veuille...

                  — Quelle chimère
De songer que, jamais, moi... Tu le verras bien!

Puis, au couvent voisin, triste et froide retraite,
On lui fit expier cette idylle indiscrète.

Mais on eut beau fermer sur elle les verrous,
On eut beau la murer vivante dans la tombe,
Un soir, vers le ramier, s'envola la colombe,
Et, dans l'ombre, échappant à tout regard jaloux,
Elle vint le rejoindre au dernier rendez-vous.

Ivresses d'un amour partagé dans les larmes,
Désespoirs attendris, ayant encor des charmes,
Adieux mêlés de joie et de déchirement,
Voix intimes du cœur, avant de disparaître
Dans l'étreinte de feu qui confondit leur être,
Que leur dites-vous donc, à ce dernier moment?

Car, tout à coup, unis comme le lierre au chêne,
    Amants par la mort fiancés,
Je les vis, ô Vénus, à ta lueur sereine,
    Je les vis, dans la Seine,
    S'élancer enlacés!

Cependant, de la nuit soulevant les doux voiles,
La brise caressait le fleuve dans son vol,
Et le flot amoureux y baignait les étoiles,
Et, sur la rive en fleur, chantait le rossignol!

Vénus, en se levant sur la cîme des monts,
Là-bas, dans le lointain, dit à la terre : Aimons !
Et la terre, à ce mot, dans l'ombre se recueille ;
Et la brise des bois soupire dans la feuille,
Et le charmeur des nuits, tressaillant à son tour,
Jette à l'écho du val sa cantate d'amour !
Et moi, dont elle attriste aujourd'hui la pensée,
Je pleure, en l'écoutant, ma blanche fiancée,
Et la fleur, au buisson, et l'astre, au ciel pâli,
Tout me semble moins beau que toi, ma Gwennoli (1) !

De quel éclat veux-tu que mon vers t'environne,
Toi, la fille d'Arvor, au sourire enchanté ?
Toi qui portes au front cette triple couronne :
Jeunesse, innocence, beauté !

NOTICE SUR LA CITÉ DE L'ÉGALITÉ

La première ébauche en parut dans le *Prolétaire* en 1879, et la nouveauté de cette conception séduisit, sans doute, le vénérable saint-simonien J. Terson ; car, quelque temps après sa fin tragique, qui souleva l'émotion de la presse, on m'apporta un volume (*Idéalie*) daté de 1882, et dans lequel, retournant de son brillant voyage à travers les mondes sur la terre régénérée, et voulant y rester inconnu de ses petits neveux si, par hasard, sa famille n'était pas encore éteinte, il dit : « Alors, je résolus de prendre le nom de *Sonert*, le plus intime de mes amis (et je ne l'ai jamais vu de son vivant), que j'avais laissé dans le passé... »

Puis, il s'assied aussi sur un banc, pour y prendre ses informations. Une différence essentielle, cependant, c'est que, dans mon utopie, je n'ai pas quitté, un moment, cette planète. D'autres encore ont trouvé leur inspiration dans le sommeil depuis 1879, et cette notice suffit à démontrer que je suis le premier en date.

D'ailleurs, notre regretté Malon, dans la dernière phase de sa longue maladie, par une lettre qu'il pria le directeur de la *Question Sociale* de m'adresser, m'avait témoigné son désir de faire, dans le *Socialisme Intégral*, le compte rendu de mon songe humanitaire ; mais la mort vint peu après mettre un terme à ses souffrances.

(1) Ces vers et le quatrain suivant sont extraits de *Mickaël* (un émouvant tracé de caractère de poète et de nouveau croyant), étranglé autrefois, en naissant, par la faillite de Poulet-Malassis, — et resté depuis.... à l'ombre !

PARIS. — Imprimerie Achille LE ROY, 41, rue Barrault.

9 782016 181140